KOCHSCHULE 1

mit

Maria Weiß

Kochbuch für das Modell Thermomix TM31

Lektorat und Redaktion: Michaela Keller
Verlag: Versand- und Verlagsbuchhandlung M. Keller,
Im Gaiern 10, 71287 Weissach-Flacht

Internet: http://www.tm-kochbuch.de
E-mail: info@keller-versandbuchhandlung.de

Satz, Layout und Druck:
Versand- und Verlagsbuchhandlung Michaela1 Keller
Bildmaterial auf der Vorderseite © Photo Alto, Jean-Blaise Hall (Before cooking + International cousine)
Bildnachweis Innenseiten:
Bild Seite 56 © Andrea Danti - Fotolia.com; Bild Seite 59 © Xavier - Fotolia.com; Bild Seite 63 © lom123 - Fotolia.com; Bild Seite 72 © ArtBox Images/ArtBox Images RF/Getty Images
Sonstige Bilder: Gabi Wolpensinger
1. Auflage August 2005
2. Auflage Oktober 2005
3. Auflage November 2005
4. Auflage Februar 2006
5. Auflage Juni 2006
6. Auflage November 2006
7. Auflage April 2007
8. Auflage September 2008
9. Auflage November 2009
10. Auflage Januar 2012

Hinweis:
Die vorliegenden Rezepte können mit der Küchenmaschine Thermomix TM 31 zubereitet werden.
Alle in diesem Buch enthaltenen Angaben, Daten, Ergebnisse etc. wurden von der Autorin nach bestem Wissen erstellt und von ihr und dem Verlag mit größtmöglicher Sorgfalt überprüft. Eine Verantwortung und Haftung für etwaige inhaltliche Unrichtigkeiten kann jedoch nicht übernommen werden. Der Haftungsausschluss gilt nicht, soweit nach dem Produkthaftungsgesetz für Personen- und Sachschäden gehaftet wird. Jeder Leser muss beim Umgang mit den genannten Stoffen, Materialien, Geräten usw. Vorsicht walten lassen, Gebrauchsanweisungen und Herstellerhinweise beachten sowie den Zugang für Unbefugte verhindern.

Inhaltsverzeichnis

Mein Name ist Maria Weiß, Kochen und Backen ist schon lange mein Hobby und jetzt freue ich mich, Ihnen ein paar meiner Lieblingsrezepte vorzustellen. Viel Spaß beim Ausprobieren.

Mach's wie Maria...

Wussten Sie schon, ...

- dass man Hackfleisch mit Quark binden kann? – der Teig wird viel lockerer.
- dass Mineralwasser viele Kuchenteige lockerer macht? z. B. Rührteig – wird besonders locker, wenn man im Rezept Milch durch Mineralwasser od. Joghurt ersetzt bzw. teilweise austauscht.
- dass Weinreste Ihre Soßen verfeinern – gießen Sie die Weinreste nicht weg, sondern geben Sie diese in Eiswürfelbehälter und frieren sie ein. Bei Bedarf geben Sie die Würfel in Suppen und Soßen zum Verfeinern.
- dass Apfelkuchen saftiger schmeckt, wenn man ihn beim Backen mit geöltem Pergamentpapier abdeckt?
- dass das Kneten von Hefeteig wie geschmiert geht, wenn man die Hände davor mit Öl oder Butter einreibt.
- dass ein Schuss guter Alkohol, z. B. Rum od. Cognac, nicht nur Kuchenteig verfeinert, sondern zur Not auch mal das Backpulver ersetzt.
- dass man steifes Eiweiß sicher und schnell erhält, wenn man es mit etwas Stärkemehl od. Puderzucker aufschlägt und auch ein paar Tropfen Zitrone helfen gut. Es wird viel feinporiger. Fügt man noch etwas Salz hinzu, verringert sich die Zubereitungszeit zusätzlich.
- dass Hauben aus Baiser sich einfach schneiden lassen, wenn man die Messerklinge einfettet oder es in kochendes Wasser taucht, sodass der Eischnee nicht daran kleben kann.
- dass ein Boden aus Biskuit, der beim Backen unregelmäßig aufgegangen ist, mit einem Holzbrett wieder flach gedrückt werden kann. Legen Sie ein Holzbrett, was mir einem Buch beschwert wird, für einige Minuten oben auf den Biskuitboden.
- dass man die Teige besser bei Ober- und Unterhitze backt. Sie Trocknen dann nicht so leicht aus.

- dass alle Rezepte immer mit Ober- und Unterhitze sind, es sei denn, es steht extra dabei.
- dass alle Rezepte für 4 Personen sind! Sonst steht es dabei.
- dass Ciabattabrote viel lockerer werden, wenn man sie vor dem gehen lassen einmal auf Blechgröße ausrollt? Ausrollen und dann wieder fest einrollen. Bei diesem Vorgang hat man auch die Möglichkeit das Brot zu füllen. Mit z. B. Schafskäse und Oliven, Röstzwiebeln, Käse & Schinken usw.
- dass Tortenböden nicht so durchfeuchten, wenn man Obladen zwischen den Boden und das Obst legt.
- dass Knetteige leicht „brechen“, weil ihnen Flüssigkeit fehlt! Einfach 1-2 EL Wasser dazugeben und nochmals verkneten.
- dass der Biskuit eine gleichmäßige Oberfläche erhält wenn man die Springform am Rand nicht einfettet.
- dass beim Backen die Größe der Eier wichtig ist! Für Mürbeteig nimmt man kleine, für Rührteige mittlere und für den Biskuit große Eier.
- dass Rührteige auch totgeschlagen werden können! Nicht länger als 30–50 Sekunden schlagen.

Erklärung der Begriffe:

Abstauben: Wenn Hefeteig oder Sauerteig noch klebt, dann mit dem Spatel am Rand des Topfes den Teig lösen und 1-3 EL Mehl über den Teig geben. Nach Möglichkeit das Mehl an den Topfrand geben. Den TM etwas festhalten und 10 Sekunden / Stufe 7 hochdrehen. Das Mehl wird dann schnell untergearbeitet und der Teig sollte nun nicht mehr kleben. Machen Sie eine Fingerprobe! Mit dem Finger auf den Teig fassen, wenn kein Teig mehr daran hängen bleibt, ist er OK.

Verarbeitung der Gelatine in Crème: Gleichen Sie immer die Temperatur an! D. h. Nehmen Sie etwas von der kühleren Crème ab und geben es in die Gelatine, schnell verrühren und unter die restlichen Masse geben. So gleichen Sie die Temperatur der beiden Zutaten an und es entstehen keine Klümpchen in Ihrer Crème.

Harissa: Dies ist ein Gewürz, welches sehr scharf ist. Es wird hergestellt aus: Chili, Kurkuma, Peperoni usw. Alles scharfe Zutaten.

Apfelkuchengewürz: ist eine Mischung aus Zimt, Piment und Kardamom. Schmeckt gut in Sahne, Streuseln, Kompott, Pflaumenmus usw.

Café de Paris: ohne Glutamat. Für Kräuterbutter, Fisch, Fondue, Quark.

Alle Gewürzmischungen kann man unter www.steffis.de bestellen.

Brot und Brötchen

Hau-Ruck Brötchen

500 g Getreide	**30 Sekunden / Stufe 10** zerkleinern.
350 g Wasser	und
1 Würfel Hefe	sowie
1 TL Salz	zugeben und **1 Minute / Knetstufe** – abstauben – **10 Sekunden / Stufe 6.**

Backzeit: 200°C / ca. 20 Minuten

Quarkbrötchen – schnelle-süße

150 g Quark

6 EL Milch

6 EL Öl

75 g Zucker

1 Päckchen Vanillezucker

300 g Mehl

1 Päckchen Backpulver

1 Prise Salz

75 g Rosinen

Alle Zutaten der Reihe nach in den Mixtopf einfüllen und die Zutaten miteinander verkneten – **1 Minute / Knetstufe** – abstauben – **10 Sekunden / Stufe 6**.

Den Teig in 10-15 Teile teilen und kleine Brötchen daraus formen.

Danach den Teig mit etwas Dosenmilch oder Sahne bestreichen und abbacken.

Backzeit: 200°C ca. 25-30 Minuten

Zwiebelbrötchen

570 g Weizen	**1 Minute / Stufe 10** fein mahlen.
350 g Wasser	oder halb Milch und halb Wasser zugeben
30 g Hefe	
½ TL Salz	
200 g geröstete Zwiebeln	zugeben und **1 Minute / Knetstufe** – abstauben – **10 Sekunden / Stufe 6**.

Ca. 1 Stunde gehen lassen. Kurz durchkneten und in 16 Stücke aufteilen.

Längliche Brötchen daraus formen und auf ein gefettetes Backblech setzen. Nochmals 10 -15 Minuten gehen lassen.

Kurz vor dem Abbacken leicht mit Milch bestreichen.

Im vorgeheizten Ofen mit einem Schälchen Wasser 20-30 Minuten bei 200°C backen.

Kräuterbrötchen

150 g Weizen	**20 Sekunden / Stufe 10** mahlen. Umfüllen.
100 g gemischte Kräuter	**5 Sekunden / Stufe 5** zerkleinern.
100 ml lauwarmes Wasser	
1 TL Honig	
1 TL Meersalz	
1 Prise Pfeffer	
80 g Butter	
1 Ei	
100 g Joghurt	
375 g Mehl	Alle Zutaten in den Topf geben, Weizenmehl ebenfalls und **1½ Minute / Knetstufe** kneten.

Dann den Teig in eine Schüssel geben, mindestens 15 Minuten gehen lassen.

Nun kleine Brötchen daraus formen, mit einem Eigelb bestreichen, kreuzförmig einschneiden.

In den kalten Ofen, bei 200°C ca. 25 Minuten backen.

Kürbiskernbrot

300 g Getreide nach Wahl	**1-1½ Minute / Stufe 10** mahlen.
300 g geschälter Kürbis	zugeben und **5 Sekunden / Stufe 5** zerkleinern.
200 ml Milch	
1 EL Olivenöl	
1 EL Salz	
½ TL Pfeffer	
1 Würfel Hefe	
200 g Mehl	Alle restlichen Zutaten dazu und **2 Minuten / Knetstufe** kneten.
75 g Kürbiskerne	und
2 EL Sesam	**½ Minute** vor dem Schluss zugeben.

Backzeit: 45 Minuten bei 200°C.

Griechisches Brot gefüllt in Kastenform

250 g Roggen	**20 Sekunden / Stufe 10** mahlen.
125-250 ml Wasser	
1 TL Kräutersalz	
½ Becher Joghurt	
½ Becher saure Sahne	
1 Würfel Hefe	
1 TL Honig	
1 EL Öl	
250 g Mehl Type 1050	Alle restlichen Zutaten zufügen und **1 Minute / Knetstufe** kneten, abstauben – **10 Sekunden / Stufe 6**. Den Teig herausnehmen und zu einer Kugel formen und zugedeckt 30 Minuten gehen lassen. Danach den aufgegangenen Teig nochmals von Hand durchkneten und auf einer bemehlten Fläche zu einem Rechteck ausrollen.

Füllung:

1-2 St. Knoblauchzehen	**5 Sekunden / Stufe 5** zerkleinern.
150 g Schafskäse	**5 Sekunden / Stufe 5** zerkleinern.
5 gekochte Eier	mit
Kräuter nach Wahl, frisch oder getrocknet (z. B. Salbei, Oregano, Estragon)	sowie mit
Pfeffer	und
Kräutersalz	würzen. **5 Sek. / Stufe 5** vermengen.

Die Füllung auf den Teig verteilen. Den Teig an den Seiten etwas einschlagen, zu einer Rolle formen und auf ein Blech legen.

Nochmals gehen lassen. Abbacken.

Backzeit: bei 200°C ca. 45 Minuten

Ciabatta

500 g Mehl
1 Schuss Olivenöl
1 Würfel Hefe
320 g Wasser
2 TL Salz

Alle Zutaten in den Mixtopf geben, **1 Minute / Knetstufe** – abstauben – **10 Sekunden / Stufe 5**.

Den Teig auf Blechgröße ausrollen und wieder einrollen.

Tipp: Eventuell daraus 2 Stücke machen. Ausrollen und mit Zwiebeln, Schafskäse oder Schinken füllen.

Backzeit: erst 15 Minuten bei 50°C gehen lassen, dann 20 Minuten bei 200°C backen.

Osterbrot

60 g Haselnüsse	in den Mixtopf geben und **10 Sekunden / Stufe 6** zerkleinern.
30 g weiche Butter	
1 Würfel Hefe	
270 g Milch	
50 g Zucker	
1 Prise Salz	
100 g Marzipan	
500 g Mehl	Alles zugeben und ca. **2 Minuten / Knetstufe** zu einem Teig verarbeiten.

Den Teig in eine 30er Kastenform geben und bei **50°C - ca. 20 Minuten** gehen lassen.

Backzeit: 180 °C / 35 Minuten.

Ofenfrische Dinkelbrötchen

200 g Dinkel	**½ Minute / Stufe 10** fein mahlen.
230 g Wasser	
1 Würfel Hefe	
50 g Öl	
1 TL Salz	
300 g Mehl	Alle Zutaten dazugeben und **1½ Minute / Knetstufe** – abstauben – **10 Sekunden / Stufe 6**.

Brötchen formen, auf ein mit Backpapier belegtes Blech legen.

Backzeit: 20-30 Minuten bei 200°C Ober- / Unterhitze.

Partysonne

100 g Getreide (Weizen / Dinkel)	und
50 g Ölsaaten (Sesam, Leinsamen und Sonnenblumenkerne)	zusammen **30 Sekunden / Stufe 10** mahlen.
320 g Wasser (oder Buttermilch / Wassergemisch)	zugeben.
1 Würfel Hefe	
1 Prise Zucker	
450 g Mehl (Hälfte Type 405 und Hälfte 1050)	zugeben, alles auf der **Knetstufe / 1 Minute** kneten.

Zu einem glatten Teig verarbeiten, Teig darf nicht mehr kleben. Den Teig in 16 Teile teilen und jedes Teil rund formen. Die Teilchen in Wasser und verschiedene Körner ducken und im Kreis dicht an dicht auf ein Blech legen.

Den Teig ca. 20 Minuten gehen lassen und dann bei 220°C ca. 30 Minuten abbacken.

Allgemeines über das Backen vom Sauerteigbrot

Sauerteig als Triebmittel gibt dem Brot im Gegenteil zur Hefe einen deftigeren Geschmack. Da Sauerteig etwas länger zur Teigreifung braucht, findet er meist in mehrstufigen Rezepten eine Verwendung. Probieren Sie und testen Sie:

50 g alter Sauerteig (von Freundin oder selbst angesetzt)	mit
180 g Roggenmehl	und
180 g Wasser	**10 Sekunden / Stufe 5** vermengen und ca. 8-12 Std. zugedeckt bei Zimmertemperatur ruhen lassen.

Am nächsten Tag:

Von dieser Masse wieder 50 g wegnehmen, mit etwas Mehl zur krümeligen Masse verrühren und im Kühlschrank für´s nächste Mal aufbewahren.

Weiter geht´s: Den restlichen Teig (ca. 350 g) mit

250 ml Wasser
½ Würfel Hefe
180 g Roggenmehl Type 997
180 g Weizenmehl Type 1050
1 Prise Zucker
2 TL Salz

1 EL Essig

Alles zusammen **2 Minuten / Knetstufe** vermengen – abstauben – nochmals **10 Sekunden / Stufe 8-9**. Der Teig ist etwas klebrig.

Den Teig in eine Kastenform geben oder zum Laib formen. Wird der Teig geformt oder in ein Garkörbchen gegeben, noch so viel Mehl einarbeiten, bis nichts mehr an den Händen klebt.

Mindestens 45 Minuten gehen lassen.

Mit Wasserdampf (ein Schälchen mit Wasser hineinstellen) bei 220°C ca. 45-60 Minuten backen.

Fladenbrot

250 g Wasser
30 g Hefe
½ TL Zucker
30 g Butter
400 g Mehl
20 g Olivenöl
1 TL Salz

Alles zusammen in den Mixtopf geben und **1½ Minute / Knetstufe** kneten lassen. Abstauben – **10 Sekunden / Stufe 6**.

Den Teig auf ein bemehltes Backblech legen und zu einem Fladen ausrollen. Ca. 40 Minuten gehen lassen. Anschließend mit Wasser oder Olivenöl bestreichen und mit Sesam bestreuen.

Im vorgeheizten Ofen bei 220°C ca. 20 Minuten backen. Ein Schälchen mit Wasser in den Ofen stellen.

Sauerkrautbrötchen

1 Zwiebel	im Mixtopf **5 Sekunden / Stufe 5** zerkleinern.
125 g Butter	
1 Würfel Hefe	
125 ml Wasser	
125 ml Milch	
500 g Mehl	Alles zusammen in den Mixtopf geben und **1 Minute / Knetstufe** kneten.
200 g Schinkenwürfel	und
125 g Sauerkraut	dazugeben und alles untermengen: Klebriger Teig – abstauben - evtl. mit Hand nacharbeiten. Teig in ca. 20 Brötchen aufteilen und formen - rund oder länglich. Die Brötchen bei 50°C / ca. 20 Min. gehen lassen.
Tipp:	Das können Sie auch auf 2x machen, geht schneller. Ansonsten mit dem Spatel kräftig mit rühren.
	Backzeit: ca. 20-25 Minuten / bei 220°C backen.

Kuchen und Torten

Apfelkuchen

Teig:

200 g Zucker	zu Puderzucker verarbeiten – **5 Sekunden / Stufe 10**.
5 Eier	dazu geben – **3 Minuten / 37°C / Stufe 3**.
125 g Speisestärke	
125 g Mehl Type 405	
1 Päckchen Backpulver	Alle Zutaten zugeben und **40 Sekunden / Stufe 3** unterziehen.
	In eine Springform füllen und ca. 20 Minuten bei 200°C abbacken.

Apfelmasse:

400 ml Apfelsaft	
1 P. Vanillepudding	
1 P. Sahnepudding	
Saft von ½ Zitrone	
2 Eigelb	
160 g Zucker	Rühraufsatz aufsetzen. Alle Zutaten **5 Minuten / 100°C/ Stufe 2 ½** aufkochen.
700 g Äpfel	schälen, entkernen und achteln.
	Die Äpfel in den Pudding geben **30 Sekunden / Stufe 4** mithilfe des Spatels zerkleinern.
	Nach dem Erkalten des Kuchens die Apfel-Puddingmasse auf den Kuchenboden streichen.

1 Becher Sahne	
1 Päckchen Vanillezucker	mit dem Rühraufsatz auf **Stufe 3** bis zur gewünschten Festigkeit zur Schlagsahne schlagen.
	Die Torte mit der Sahne bestreichen und evtl. mit
Zimt-Zucker	bestreuen.

Preiselbeermohntorte

180 g Zucker	und
120 g Mohn	**10 Sekunden / Stufe 9** mahlen.
5 Eier	Dazu geben und mit dem Rühraufsatz **15 Minuten / 37°C / Stufe 3** rühren.
120 g Mehl	
½ Päckchen Backpulver	Intervall mäßig (3x bis zur **Stufe 3** langsam hochdrehen) unterheben.
	In eine Springform füllen, abbacken. Abkühlen lassen. Dann 1x durchschneiden und mit
1 Glas Preiselbeeren	bestreichen.
4 Becher Sahne	auf **Stufe 3** zur gewünschten Festigkeit schlagen.
	Mit einer Hälfte der Sahne die Preiselbeeren bestreichen, den zweiten Boden aufsetzen. Jetzt die restliche Sahne kreuzweise darauf spritzen und die Lücken mit Preiselbeeren ausfüllen.
	Mit etwas zurückgelassenem Mohn verzieren.

Pfirsichkuchen

4 Eier	und
1 Tasse Zucker	mit dem Rühraufsatz **3 Minuten / 37°C / Stufe 3** schlagen.
1 Tasse Öl	und
4 Päckchen Vanillepudding	so wie
½ Päckchen Backpulver	dazugeben und **15 Sekunden / Stufe 6** vermengen.
	Teig auf ein Blech geben und 10 Minuten bei 170°C abbacken.
2 Dosen Pfirsiche	abtropfen lassen und ca. **5 Sekunden / Stufe 4** zerkleinern.
	Auf dem Kuchen verteilen.
2 Becher Sahne	auf **Stufe 3** bis zur gewünschten Festigkeit steif schlagen.
	Auf den Kuchen verteilen.
½ Liter Pfirsichsaft	und
2 Päckchen Vanillesoße ohne Kochen	nach Anleitung zubereiten und über die Sahne verteilen.

Schmandtorte

65 g Margarine	
65 g Zucker	
1 Päckchen Vanillezucker	
1 Ei	
200 g Mehl	Alle Zutaten in Mixtopf geben und **20 Sekunden / Stufe 7** vermengen – evtl. abstauben – **10 Sekunden / Stufe 6**.
	Anschließend den Teig in eine gefettete Springform geben.
½ Liter Milch	
50 g Zucker	
2 P. Vanillepudding	**4-6 Minuten / 100°C / Stufe 2** mit Rühraufsatz einen Flammeri kochen.
2 Becher Schmand	nach Ablauf der Zeit in den noch warmen Pudding rühren - **5 Sekunden / Stufe 3**.
	Die Masse auf den Teig verteilen und mit
2 Dosen Mandarinen	belegen.

Backzeit: bei 175°C ca. 75 Minuten backen.

Nach dem Backen evtl. mit Tortenguss überziehen.

Schwarzwälder auf dem Blech

Teig:

100 g Blockschokolade	und
75 g Mandeln	auf **Stufe 10** fein mahlen.
	Umfüllen.
4 Eier	
100 g Butter	
100 g Zucker	
1 Päckchen Vanillezucker	Alle Zutaten **20 Sekunden / Stufe 6** schaumig schlagen.
1 P. Mandelpudding	
50 g Mehl	
2 TL Backpulver	und
gemahlene Schoko-Mandelmischung	zugeben und **20 Sekunden / Stufe 6** verrühren.
	Teig auf ein Blech verteilen.
	Backzeit: ca. 20 – 25 Minuten bei 200°C.

Belag:

2 Päckchen Tortenguss	
½ Liter Kirschsaft	
4 EL Zucker	Aus den Zutaten einen Tortenguss herstellen – **6 Minuten / 100°C / Stufe 2** mit dem Rühraufsatz.
2 Gläser (je 730 ml) Sauerkirschen	abgetropft, auf dem gebackenen Boden verteilen.
	Mit dem Tortenguss übergießen und kaltstellen.

2 Becher Sahne	auf **Stufe 3** bis zur gewünschten Festigkeit steif schlagen. Über die Kirschen streichen.
100 g Schokolade	fein raspeln und auf dem Kuchen verteilen.

Schnecken

75 g Nüsse o. Mandeln	**auf Stufe 8** zerkleinern. Umfüllen.

Quark-Ölteig:

150 g Quark	
6 EL Milch	
6 EL Öl	
75 g Zucker	
1 Päckchen Vanillezucker	
100 g Rosinen	
Salz	
300 g Mehl	
1 Päckchen Backpulver	Alle Zutaten **1½ Minute / Knetstufe** zu einem Teig verarbeiten.

Den Teig zu einem Rechteck von 45x35 cm ausrollen und mit ca. 2 EL Schmand bestreichen.

Die Nüsse auf den Teig streuen. Danach den Teig mit Zucker und Zimt bestreuen.

Aufrollen und in ca. 1½ cm – 2 cm dicke Scheiben schneiden.

Backzeit: 12-20 Minuten bei 175-195°C.

Zimttorte

200 g Haselnüsse	**5 Sekunden / Stufe 8-10** zerkleinern. Umfüllen.
	Den Topf gründlich säubern. Er muss absolut fettfrei sein!
4 Eiweiß	**3 Minuten / Stufe 3** steif schlagen.
130 g Zucker	**1 Minute** vor Ende von oben einrieseln lassen.
4 Eigelb	**10 Sekunden** vor dem Ablauf der Zeit durch die Deckelöffnung zugeben.
80 g Mehl	mit
1 TL Backpulver	und
2 TL Apfelkuchengewürz	sowie die gemahlenen Nüsse dazugeben und ca. **15 Sekunden / Stufe 2** vermischen.
	Eine Springform einfetten, den Teig einfüllen, glatt streichen und bei 200°C ca. 25 Minuten backen.

Kirschfüllung:

1 Glas Kirschen	abtropfen lassen, den Saft auffangen.
250 g Kirschsaft	mit
30 g Stärke	und
20 g Zucker	sowie
1 Prise Apfelkuchengewürz	mit dem Rühraufsatz **4 Minuten / 100°C / Stufe 2** aufkochen.
	Die Kirschen auf dem abgekühlten Boden verteilen und den angedickten Kirschsaft darauf verteilen.
300 g Sahne	**Stufe 3** mit Rühraufsatz bis zur gewünschten Festigkeit schlagen.

Die Sahne über die abgekühlten Kirschen verteilen und mit Zimt&Zucker bestäuben.

Bratapfeltorte

150 g Butter
100 g Zucker
1 Ei
250 g Mehl
½ Päckchen Backpulver

Alle Zutaten **30 Sekunden / Stufe 6** mithilfe des Spatels einen Teig herstellen.

Den Teig in eine gefettete Springform (26 cm) geben und einen Rand hochziehen.

50 g Rosinen in
3 EL Rum ca. 30 Minuten einweichen.

6-8 Stück Äpfel waschen, schälen und entkernen.

Mit den Rum-Rosinen füllen und auf den Teig setzen. Die Anzahl der Äpfel richtet sich nach der Größe, der Boden sollte mit Äpfeln ganz belegt sein.

500 g Sahne
500 g Milch
120 g Zucker
2 P. Vanillepudding
1 Päckchen Vanillezucker

in den Mixtopf geben **10 Minuten / 100°C / Stufe 4** erhitzen. Über die Äpfel gießen und backen.

Backzeit: 1 ½ Stunde bei 160°C.

Friesentorte

200 g Butter	
200 g Zucker	
200 g Mehl	
2 Eier	
2 Päckchen Vanillezucker	
½ TL Backpulver	Aus den Zutaten einen Rührteig herstellen – **30 Sekunden / Stufe 6**. Den Teig in drei Portionen teilen.
	Immer einen Drittel des Teiges in eine Springform (26 cm) streichen, mit
gehobelten Mandeln	und
Zimt- oder Apfelkuchengewürz	bestreuen und schnell abbacken.
	Bei 175°C ca. 10-15 Minuten.
	So nacheinander 3 Teigböden abbacken.
1 Päckchen Blätterteig	rund wie die Springform ausrollen, abbacken und in 16 Stücke teilen.
Füllung:	Mit
Pflaumenmus	die einzelne Tortenböden bestreichen.
3 Becher Schlagsahne	**auf Stufe 3** bis zur gewünschten Festigkeit steif schlagen. Die Sahne auf die erkalteten Böden streichen.
	Die Böden aufeinander setzen. Den Tortenrand mit Sahne bestreichen. Zum Schluss wird die Torte mit schräg gestellten Blätterteigstückchen als Dekoration abgedeckt.
	Mit etwas Puderzucker bestäuben.

Rhabarberkuchen

1,5 kg Rhabarber	waschen und in 5 cm Stücke schneiden, zuckern.

Teig:

250 g Butter	
125 g Zucker	
3 Eier	
1 Päckchen Backpulver	
1 Prise Salz	
500g Mehl	Alle Zutaten der Reihe nach einfüllen und **20 Sekunden / Stufe 6-7** einen Rührteig herstellen. Dann öffnen, den Rand säubern und nochmals **10 Sek. / Stufe 6-7** schlagen.
	Den Teig auf einem Backblech verteilen und dann den Rhabarber auf den Teig verteilen.
½ Liter Milch	mit
1 Päckchen Vanillepudding	zu einem Pudding (Flammeri) kochen — **5-6 Minuten / 100°C / Stufe 4** (evtl. mit Rühraufsatz).
1 Becher Schmand	kurz unter den gekochten Pudding bei **Stufe 3** einrühren.
	Auf den Teig verteilen und abbacken.
	Backzeit: 20-30 Minuten bei 200-220°C.
6 Eiweiß	mit
200 g Zucker	zu einem Baiser schlagen, **2-3 Min. / Stufe 2½** (oder 37°C zuschalten).

130 g gemahlene Mandeln	unterheben. Wer mag, kann auch noch 2-3 EL Eierlikör dazugeben.
	Auf den Kuchen verteilen und nochmals 20-25 Minuten backen.

Rotweinkuchen

100 g Schokolade	in kleine Stücke brechen und im Mixtopf **5 Sekunden / Stufe 7** zerkleinern.
200 g Butter	
4 Eier	
200 g Zucker	
1 Päckchen Vanillezucker	
⅛ Liter (125 ml) Rotwein	
2 TL Zimt	
1 TL Kakao	
1 Päckchen Backpulver	
250 g Mehl	Alles zusammen max. **30 Sekunden / Stufe 7** zu einem lockeren Teig verrühren.
	Den Teig in eine Kastenform geben und ca. 1 Stunde bei 200°C abbacken.
Tipp:	Nach ca. 40 Minuten evtl. mit Alufolie abdecken.

Käseschnecken

Teig:

200 ml Milch	
1 TL Salz	
½ TL Zucker	
80 g weiche Butter	
25 g Hefe	
400 g Mehl	Die Zutaten von oben nach unten einfüllen und **1½ Min. / Knetstufe** kneten. Abstauben **10 Sek./ Stufe 5.**
	Auf eine Dauerbackfolie geben und ausrollen. So groß, wie das Blech ist.

Füllung:

4 EL gehackte Kräuter (frisch oder TK)	(frisch = **5 Sekunden / Stufe 5**) und
200 g Kräuterfrischkäse	mit
1 EL Sahne	vermischen (im Mixtopf oder mit einer Gabel direkt in der Verpackung) und auf die Teigplatte streichen.
100 g Schinkenwürfel	über den Frischkäse streuen.
150 g Gouda	**5 Sekunden / Stufe 7** zerkleinern und ebenfalls auf dem Teig verteilen.
	Den Teig fest aufrollen und 1 cm breite Schnecken abschneiden. Flach auf ein Blech legen und mit
Eigelb/Milch, verquirlt	bestreichen.
	Noch 20 Minuten gehen lassen. Solange den Ofen auf 200°C vorheizen.
	Backzeit: ca. 25 Minuten Ober- / Unterhitze 200°C oder Heißluft 180°C.

Apfelweintorte

Teig:

125 g Butter
125 g Zucker
250 g Mehl
1 Ei
1 Päckchen Vanillezucker
1 gestr. TL Backpulver

Alle Zutaten zu einem Mürbeteig in **30 Sekunden / Stufe 6** mit dem Spatel rasch verrühren.

Den Teig ausrollen und mit ihm eine Springform auslegen. Am Rand etwas Teig hochziehen.

Belag:

0,7 Liter Wein/Apfelsaft
150 g Zucker und
2 P. Vanillepudding in den Mixtopf geben und aus den Zutaten in **8 Minuten / 100°C / Stufe 2 ½** mit dem Rühraufsatz einen Pudding kochen.

Den Rühraufsatz herausnehmen!

1 kg Äpfel waschen, vierteln, entkernen und auf **Stufe 3** im Pudding zerkleinern. Die Apfelmasse auf den Teig geben und abbacken.

Backzeit: ca. 80 Minuten bei 180°C.

2 Becher Sahne mit dem Rühraufsatz auf **Stufe 3** bis zur gewünschten Festigkeit steif schlagen.

Die erkaltete Torte mit der Sahne bestreichen und mit einem Gemisch aus

Zucker	und
Apfelkuchengewürz	bestäuben.

Himbeertorte „Mama"

Teig 1:

1 Ei	
150 g Zucker	
150 g Butter	
150 g Mandeln	
150 g Mehl	
1 TL Backpulver	Alle Zutaten zusammen bei **Stufe 5-6** mit dem Spatel **20-30 Sekunden** verrühren. Den Teig auf ein Blech ausrollen. Backzeit: ca. 20 Minuten bei 160°C.

Teig 2:

4 Eier	
125 g Zucker	
75 g Gustin (Maisstärke)	
50 g Mehl	
1 Msp. Backpulver	
1 Päckchen Vanillezucker	Alles zusammen verrühren **20-30 Sekunden / Stufe 5-6** mit dem Spatel verrühren. Ebenfalls auf ein Blech streichen. Backzeit: ca. 15 Minuten bei 160°C.

	Nach dem Erkalten den 1. Boden mit
Himbeergelee	bestreichen und den 2. Boden darauf setzen.
700 g Himbeeren	auf die Torte oben verteilen.
4 Päckchen Tortenguss	mit
¼ Liter Himbeersaft	und
700 g Wasser	ca. **10 Minuten / 100°C / Stufe 4** aufkochen – einen Guss herstellen.
2 Becher Schlagsahne	auf **Stufe 3** mit dem Rühraufsatz steif schlagen und auf dem erkalteten Obst verteilen.
	Mit
Butterkeksen	belegen und mit
Puderzucker	bestäuben. Die Stücke jeweils zwischen den Keksen durchschneiden.

Zwiebelkuchen

Teig:

50 g Dinkel	im Mixtopf **50 Sekunden / Stufe 10** mahlen.
150 g Wasser	
½ Würfel Hefe	
10 g Öl	
200 g Mehl	
½ TL gekörnte Brühe	
¼ TL Salz	Alle Zutaten zugeben und **1 Minute / Knetstufe** verkneten. **10 Sekunden / Stufe 7** – abstauben.

Den Teig für eine Springform (28-30 cm) ausrollen.

Belag:

500 g Zwiebeln im Mixtopf auf **Stufe 4** zerkleinern und umfüllen.

Wer die Zwiebeln lieber andünsten möchte (sie sind dann leichter verdaulich) => **8 Minuten / 100°C / Stufe 1 / Linkslauf.**

250 g Sahne
100 g Schmelzkäse
200 g Schinkenwürfel
50 g Mehl
1 Ei
1 TL gekörnte Brühe
1 Prise Muskat

Alle Zutaten im Mixtopf **5 Sekunden / Stufe 4** verrühren.

Die Zwiebeln auf dem Teig verteilen, die Sahnemasse darüber gießen und abbacken.

Backzeit: 25 Minuten bei 200°C.

Aufstriche

Apfelbutter

Rühraufsatz aufsetzen!

2 Becher Sahne in den Mixtopf geben und auf **Stufe 3** zuerst zur Sahne dann zur Butter schlagen.

Rühraufsatz entfernen!

2 MB kaltes Wasser in den Mixtopf geben und **10 Sekunden / Stufe 6** schlagen.

Wasser auf Sieb abgießen.

Den Vorgang 3x wiederholen, bis das Wasser klar ist. Man klärt die Butter. Nach dem letzten Vorgang die Butter außerhalb des Topfes lassen.

1 Apfel in den Mixtopf geben und **5 Sekunden / Stufe 5** zerkleinern, die Butter wieder zugeben und alles nochmals **10 Sekunden / Stufe 3** vermengen.

Schoko-Erdnuss-Aufstrich

60 g Zucker	auf **Stufe 10** pulverisieren.
60 g Erdnüsse	und
60 g Blockschokolade	auf **Stufe 10** zerkleinern.
40 g Nugat	
70 g Butter	
50 g Milch	
1 Prise Zimt	Alles zugeben und **3 Minuten / 50°C / Stufe 4** verrühren.
50 g Sahne	dazugeben und **30 Sekunden** untermischen.
	In einem Schraubglas im Kühlschrank lagern.

Kräutergarten

70 g frischer Kräuter	**5 Sekunden / Stufe 5** zerkleinern.
1 Becher Kräuterfrischkäse	
1 Becher Schmand	und
1 TL Kräutersalz	dazugeben und alles auf **Stufe 3** / **5 Sekunden** mit Spatel verrühren.

Kräuter-Frischkäse-Dipp

2 kleine Zwiebel	im Mixtopf **5 Sekunden / Stufe 5** zerkleinern.
2 Stängel Rosmarin	
3 Stängel Basilikum	(Etwas Schnittlauch zum Garnieren zurückbehalten.)
1 Bund Petersilie	und
1 Bund Schnittlauch	dazugeben und alles zusammen **5 Sekunden / Stufe 5** zerkleinern.
200 g Doppelrahmfrischkäse	und
200 g Kräuterfrischkäse	sowie
100 g Schlagsahne	dazugeben.
	Mit
Salz & Pfeffer	Abschmecken. Kurz vermengen- **5 Sekunden / Stufe 3**.
Tipp:	Dazu schmecken Cracker und roter Portwein.

Südländischer Brotaufstrich

1 Knoblauchzehe	mit
1 Handvoll gemischte Kräuter oder 1 TL Kräuter de Provence	im Mixtopf **5 Sekunden / Stufe 5** zerkleinern.
200 g Fetakäse	
200 g Schmand	
100 g weiche Butter	Alles zusammen ca. **20 Sekunden / Stufe 3** mit dem Spatel gut verrühren.
	Mit
½ TL Salz & Pfeffer	abschmecken.
	Nach Bedarf
5-6 Stück schwarze Oliven	entsteint dazugeben.

Griechischer Brotaufstrich

½ Zwiebel	
10 Oliven	
3 milde Peperoni	
80 g Salami in Stücke geschnitten	Alles zusammen bei **Stufe 5 / 6 Sekunden** zerkleinern.
200 g Frischkäse	
1 TL Kräuter de Provence	
1 Prise Pfeffer	Alles zugeben und mithilfe des Spatels auf S**tufe 5** vermischen.

Angemachter Camembert - Obatzter

1 Zwiebel	im Mixtopf **5 Sekunden / Stufe 5** zerkleinern.
250 g reifer Camembert	dazugeben und **5 Sekunden / Stufe 5** zerkleinern.
50 g Butter	
1 EL Kümmel	
1 TL Paprika	
1 Prise Harissa	
Salz & Pfeffer	Alles zugeben und zusammen **10 Sekunden / Stufe 7** mithilfe des Spatels vermischen. In eine Schüssel umfüllen.

Salami-Eiaufstrich

200 g Salami	und
2 EL Kräuter	im Mixtopf **8 Sekunden / Stufe 5** zerkleinern.
50 g Silberzwiebeln	
50 g Cornichons	(sind ganz kleine saure Gurken) dazugeben und noch mal 5 **Sekunden / Stufe 5 z**erkleinern.
2 EL Schmand	und
2-3 EL Mayonnaise	sowie
2 gekochte Eier	dazugeben und mit dem Spatel **6 Sekunden / Stufe 2-3** verrühren.

Sandwich-Eieraufstrich

2 Gewürzgurken	und
1 rote Zwiebel	im Mixtopf **5 Sekunden / Stufe 5** zerkleinern.
5 EL Mayonnaise	
1 TL Senf	
2 gekochte Eier	
Salz	und
Pfeffer und Curry	dazugeben und bei **Stufe 3** alles cremig rühren. Abschmecken. Evtl. den Rühraufsatz nochmals einsetzen und vermengen.

Tipp: Schmeckt auch lecker als Remoulade zu Fisch. Dann einfach alles auf **Stufe 4** verrühren. Doppelte Menge machen.

Vegetarischer Mandelaufstrich

70 g Mandeln	im Mixtopf **10 Sekunden / Stufe 7** zerkleinern. Umfüllen.
3-4 Lauchzwiebeln	**8 Sekunden / Stufe 5** zerkleinern.
50 g Öl	zufügen und **3 Minuten / Garstufe / Kochlöffel.**
140 g Tomatenmark	und die gemahlenen Mandeln zufügen und mit je
½ TL Salz	
½ TL Pfeffer	
½ TL Paprika	
½ TL Gemüsebrühe	
½ TL Harissa	abschmecken und auf **Stufe 4** verrühren.
Tipp:	Es schmeckt gut, am besten gleich die doppelte Menge herstellen. Lecker mit frischen Brötchen oder Brot und gekochtem Ei.

Marzipanbutter

200 g Sahne in den Topf geben und ca. **50 Sekunden / Stufe 4** zuerst zu Sahne und dann zur Butter schlagen.

Die Buttermilch (= Flüssigkeit) über Sieb 2-3 Mal abgießen, immer wieder mit kaltem Wasser auffüllen und neu aufschlagen - wieder abgießen, bis das Wasser klar ist.

Das nennt man die Butter "klären."

100 g Marzipan in Stücken durch die Deckelöffnung fallen lassen und ca. **35 Sekunden / Stufe 3** verrühren.

Tipp: Wenn Sie das Marzipan in kleinen Stückchen vorher einfrieren, lässt es sich besser zerkleinern - auf **Stufe 10**. Oder gleich die doppelte Menge machen.

In ein Töpfchen umfüllen.

Suppen

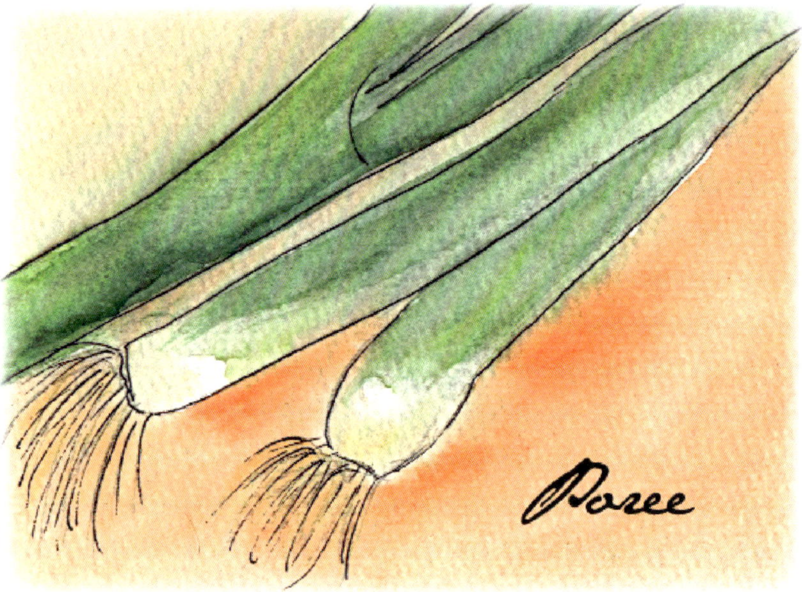

Klare Erbsensuppe

150 g Möhren	**5 Sekunden / Stufe 5** zerkleinern. Umfüllen!
200 g Schinkenwürfel	**4 Minuten / Garstufe / Stufe 1** kurz anbraten. Möhren wieder dazugeben.
400 g Erbsen (tiefgefroren)	zugeben (lassen Sie die Erbsen etwas auftauen, dann geht es schneller).
¾–1 Liter Gemüsebrühe	hinzufügen.
300 g Kartoffeln	in Würfel schneiden.
1 Msp. Thymian	und
1 Msp. Majoran	zugeben, mit Spatel umrühren und **20 Minuten / 100°C / Stufe 1 / Linkslauf** garen.
1-2 Stück Würstchen	in Stückchen schneiden und **1 Minute** vor Ende der Garzeit hinzufügen.
	Abschmecken und fertig!

Cremesuppe mit Lachsstreifen

½ Liter Milch	
¼ Liter Sahne	
3 EL Tomatenmark	
3 gekochte Kartoffeln	
1 Brühwürfel	Alle Zutaten in den Mixtopf geben und **8 Minuten / 100°C / Stufe 3**.
4 Scheiben Lachs	**2 Minuten** vor Ablauf der Zeit durch die Deckelöffnung zugeben, fertig garen.
4 Scheiben Lachs	in feine Streifen schneiden und mit gehacktem Dill zufügen. Sofort servieren.
Tipp:	Anstelle von den gekochten Kartoffeln können Sie auch 40 g Kartoffelstärke nehmen.

Mexikanische Bohnensuppe

1 gelbe Paprika	
1 rote Paprika	
1 Tomate	Gemüse waschen, vierteln und im Mixtopf **4 Sekunden / Stufe 5** zerkleinern. Umfüllen.
500 g Hackfleisch	in groben Stücken in den Topf geben und ca. **10 Minuten / Garstufe / Stufe 1** anbraten.
½ kleine Dose Mais	
3 TL Gemüsebrühe	
5 EL Tomatenmark	
1 EL Ketchup	
700 ml Wasser	Alles zusammen in den Mixtopf geben und **10 Minuten / Garstufe / Stufe 1 / Linkslauf** garen. Nach den 10 Minuten auf **90°C** zurückschalten und **weitere 10 Minuten** kochen. Dann
1 Dose roten Chilibohnen	mit Brühe zugeben und weitere **10 Minuten** garen.
	Mit
Salz & Pfeffer	sowie
Harissa	würzen.
	Die Suppe wird also insgesamt 30 Minuten gekocht.

Schwälmer Haferklößchensuppe

Haferklößchen:

80 g Hafer oder Dinkel	**20 Sekunden / Stufe 10** fein mahlen.
60 g weiche Butter	dazugeben und mit
2 kleine Eier	
1 Prise Salz	
1 Prise Muskatnuss	und
½ TL Gemüsebrühe	mit **Rühraufsatz auf Stufe 3** vermischen.

Man kann auch das Mehl ersetzen durch ein Gemisch aus Paniermehl, Hafermehl und 405er Mehl. Die Masse muss so beschaffen sein, dass sich kleine Klößchen stechen, rollen lassen. Andernfalls noch etwas Mehl und Paniermehl zufügen.

Suppe:

Suppengemüse (Brokkoli, Blumenkohl, Möhren usw.)	waschen und putzen, die feinen kleinen Röschen abschneiden und aufheben. Die Strünke und die Möhren in den Mixtopf geben und wie Salat auf **Stufe 3** zerkleinern. Das Ganze mit
1½ Liter Wasser	und
2-3 EL Gemüsebrühe	auffüllen und die Röschen wieder dazugeben. Dann alles **15 Minuten / 100°C / Stufe 1** garen. Nach **10 Minuten** die Haferklößchen in die Suppe abstechen und mit ziehen lassen. (Darf nicht mehr kochen - **80°C**).

Herzhafte Sauerkrautsuppe

2 Knoblauchzehen	**5 Sekunden / Stufe 5** zerkleinern,
2 Zwiebeln	halbieren,
2 rote Paprika	achteln, waschen und **5 Sekunden / Stufe 5** zerkleinern.
20 g Butter	in den Mixtopf geben und **3 Minuten / Garstufe / Stufe 1 / Linkslauf** das Gemüse andünsten.
1 Dose Sauerkraut	abgetropft dazugeben und nochmals **5 Minuten** bei gleicher Einstellung mit andünsten.
2 EL Tomatenmark	dazugeben und kurz mit anschwitzen. Mit
¾ Liter Gemüsebrühe	ablöschen und mit dem Messbecher zugedeckt **30 Minuten / 100°C / Stufe 1** laufen lassen.
400 g Cabanossi	in dünne Scheiben schneiden und dazugeben.
	Mit
Salz & Pfeffer	
1 Prise Zucker	und
¼ TL Paprika	würzen. Abschmecken.

Salate und Rohkost

Indischer Reissalat

1 Zwiebel	im Mixtopf **5 Sekunden / Stufe 5** zerkleinern.
½ rote Paprika	
½ grüne Paprika	
2 Scheiben Ananas	
3 Pfirsichhälften	
1 Kiwi	
etwas Essig	
3 EL Olivenöl	Alle Zutaten der Reihe nach in den Mixtopf geben und mit
Curry	
Salz & Pfeffer	abschmecken. Alles bei **Stufe 3** ganz schnell (**6 Sekunden**) verrühren, Spatel einsetzen.
100 g gekochten Naturreis	und
½ Tasse Gemüsebrühe	dazugeben, **8 Sekunden / Stufe 1 / Linkslauf** alles vermischen. Ca. 30 Minuten durchziehen lassen.

Weißkrautsalat

½ Zwiebel	**5 Sekunden / Stufe 5** zerkleinern.
1 kleinen Kopf Weißkraut	und
¼ Kopf Rotkraut	in kleinen Stücken in den Mixtopf geben. **6-7 Sekunden / Stufe 3** zerkleinern.
	Mit
Salz & Pfeffer	abschmecken.
1 Becher Ananasjoghurt	und
1 Becher Schmand	mit dem Spatel zu einem Salat ca. **10-15 Sekunden / Stufe 4** verrühren.

Fitnesssalat

1 Knoblauchzehe	im Mixtopf **5 Sekunden / Stufe 5** zerkleinern.
Petersilie und Zitronenmelisse	
3 mittelgroße Möhren	
½ Kohlrabi	
½ Zucchini	
1 EL Sonnenblumenkerne	
je 2 EL Öl und Essig	
Pfeffer, Salz und Zucker	Alles zusammen im Mixtopf **5 Sekunden / Stufe 5** zerkleinern. Abschmecken.

Weißkrautsalat eingelegt

2 Zwiebel	im Mixtopf **5 Sekunden / Stufe 5** zerkleinern.
1 Kopf Weißkraut	**5 Sekunden / Stufe 5** zerkleinern. Umfüllen. Das Ganze 2-3 mal wiederholen.
1 Tasse Zucker	
1 Tasse Öl	
1½ EL Salz	
Pfeffer	
350 ml Kräuteressig	
350 ml Selters	Alles miteinander mischen und über das Kraut gießen. 24 Stunden zeihen lassen.
	Das Kraut zum Servieren aus dem Sud nehmen.
Tipp:	Der Salat hält sich im Sud mindestens 1 Woche.

Obstsalat

1-2 EL Nüsse	im Mixtopf **2 Sekunden / Stufe 10** zerkleinern.
1 feste Banane	
1-2 feste Kiwis	
1 roten Apfel mit Schale	
1 Orange	
3-5 Scheiben Ananas	Alles zusammen auf **Stufe 3** grob zerkleinern. Mit Ananassaft und
Zitronensaft	abschmecken.

Wirsingrohkost

1 Knoblauchzehe	**5 Sekunden / Stufe 5** zerkleinern.
3 mittelgroße Karotten	In 5 cm Stücken in den Mixtopf geben und ganz kurz 1x bis zur **Stufe 3** hochschalten.
500 g Wirsing	vom Strunk lösen, äußere Blätter, sowie die dicken Rippen entfernen. In groben Stücken in den Mixtopf geben.
6 EL Sahne oder Schmand	
2 EL Öl	
Kräutersalz	
Pfeffer und Paprika	ebenfalls in den Mixtopf geben und alles schnell bei **Stufe 3-4** mit dem Spatel zerkleinern und mischen. Grob!!
2 hart gekochte Eier	dazugeben und noch 2-3mal kurz vermengen.

Sternsalat mit Kräutersoße

80 g Kräuter	je nach Geschmack grob zerkleinern, **5 Sekunden / Stufe 5** zerkleinern.
100 g Joghurt	
100 g Schmand	
½ TL Salz	
etwas Zitronensaft	
1 Prise Zucker	
¼ TL Pfeffer	Alles zusammen verrühren – **10 Sekunden / Stufe 3** und in eine Schüssel umfüllen.
400 g Weißkraut	auf 2x in groben Stücken in den Mixtopf geben. Etwas von dem Dressing dazugeben und **10 Sekunden / Stufe 3-4** zerkleinern. In mehreren Durchgängen, wenn es zu viel ist.
Tipp zum Anrichten:	Geben Sie den Salat auf eine Tortenplatte und bringen ihn in die Form eines Sterns. In die Mitte eine Mulde drücken.
3 Tomaten	achteln und zwischen die Sternenzacken anrichten.
½ Liter Gemüsebrühe	in den Mixtopf geben, das Garkörbchen in den Topf einhängen und mit
300 g Erbsen frisch oder TK	füllen. **15 Minuten / Garstufe / Stufe 1** garen. Wenn die Erbsen ausgekühlt sind, in der Sternmulde anrichten.

Spaghettisalat mit Salsasoße

500 g Spaghetti	**7-8 Minuten / 100°C / Stufe 1 / Linkslauf** kochen (die Zeit ist ab dem Wassersiedepunkt gerechnet). Abkühlen lassen! (Kann auch lauwarm gegessen werden.)
1 rote Paprika	und
1 gelbe Paprika	achteln, waschen und mit
250 g gekochter Schinken	in groben Stücken **4 Sekunden / Stufe 5** grob zerkleinern.
250 g Ketchup	und
250 g Salsasoße	untermischen.

Selbst gemachte Salsasoße:

1 Chilischoten	und
1 Knoblauchzehe	im Mixtopf **5 Sekunden / Stufe 5** zerkleinern.
1 rote Paprika	
1 grüne Paprika	
1 Zwiebel	
4 Tomaten	zugeben und ebenfalls **5 Sekunden / Stufe 5** zerkleinern.
4-5 EL Tomatenmark	
1 EL Zucker	
2 EL Stärke	
2 TL Gemüsebrühe	
evtl. Tabasco	dazugeben und alles zusammen **10 Minuten / 100°C / Stufe 3** garen.

Dessert

Rote Grütze mit Vanillesoße

Grütze:

30 g Dinkel	in den Topf geben und **1½ Minute / Stufe 10** fein mahlen.
250 g Weißwein oder Wasser	und
300 g Früchte	gemischt dazugeben. **20 Sekunden / Stufe 10** zerkleinern. Dann **8 Minuten / 100°C / Stufe 2** kochen lassen.
300 g Früchte (verschiedene Beeren, Erdbeeren, Himbeeren o. Brombeeren)	und
1 Msp. Bourbon-Vanille	durch die Deckelöffnung zugeben. **40 Sekunden / Stufe 1** verrühren.
	Alles in eine Schüssel umfüllen.

Vanillesoße:

200 g Sahne	
40 g Zucker	
Mark einer Vanilleschote	
50 g Milch	
20 g Gustin / Maisstärke	Mit dem Rühraufsatz alle Zutaten zusammen **4 Minuten / 100°C / Stufe 4** aufkochen. Anschließend in eine Schüssel umfüllen und erkalten lassen.

Tipp: Zuckern erst nach dem Erkalten. Sonst braucht man zu viel Zucker.

Eierlikörpudding

½ Liter Milch	
30 g Gustin (Maisstärke)	
1 Ei	Alles zusammen **6 Minuten / 100°C / Stufe 4** kochen.
	Anschließend
20 g Zucker	
1 MB (100 ml) Eierlikör	unterrühren.

Bratäpfel mit Cidre-Zabaglione

Füllung:

40 g Mandeln	
1 Prise Zimt	oder
¼ TL Apfelkuchengewürz	
50 g Marzipan	
30 g getrocknete Aprikosen	Alles zusammen in den Mixtopf geben und **5 Sek. / Stufe 10** zerkleinern. Umfüllen.
30 g Rosinen	
1-2 EL Rum	darüber gießen und ca. ½ Stunde einweichen lassen.
5-6 Äpfel	waschen, entkernen und das innere mit
Zitronensaft	beträufeln. Die Füllung in die Äpfel geben und in den Garaufsatz legen.
	Den Garaufsatz auf den Mixtopf aufsetzen.
900 ml Wasser	in den Topf geben und verschließen.
	15 Minuten / Garstufe / Stufe 2 – warm stellen.

Zabaglionesoße:

250 g Cidre	
5 Eigelb	Den Rühraufsatz einsetzen!
1 Päckchen Vanillezucker	
4 EL Zucker	Alles einfügen und **8 Minuten / 70°C / Stufe 2 ½** schaumig schlagen. Noch warm über die Äpfel geben.

Herrencreme

5 Blatt weiße Gelatine	in 2 EL Wasser einweichen.
	Den Rühraufsatz einsetzen.
¼ Liter Schlagsahne	auf der **Stufe 3** bis zur gewünschten Festigkeit. Umfüllen und kalt stellen.
	Den **Rühraufsatz wieder einsetzen**.
3 Eier	mit
100 g Zucker	**8 Minuten / 37°C / Stufe 3** schaumig rühren.
4 EL Kosakenkaffee	oder
4 EL heißes Wasser	gemischt mit
2 EL von löslichem Kaffee	und
1 Prise Salz	auf **Stufe 3** tropfenweise unterrühren.
	Die ausgedrückte
Gelatine	in die Eiercreme geben und kurz auflösen lassen. Kaltstellen. Wenn die Crème steif wird, die Sahne auf **Stufe 2** unterziehen.
	Eventuell
2-3 EL Schokoraspeln	mit unterheben.
Tipp:	Verarbeitung der Gelatine s. Seite 9.
Notiz:	Kosakenkaffee - ist ein starker Kaffeelikör, der so heißt. Alternativ kann man auch starken Kaffee nehmen.

Sauerrahmcreme mit Erdbeerpüree

1 Becher süße Sahne	mit dem Rühraufsatz auf **Stufe 2½** bis zur gewünschten Festigkeit steif schlagen. Umfüllen!
5 Blatt rote Gelatine	und
5 Blatt weiße Gelatine	getrennt laut Anleitung einweichen.
4 Eigelb	mit Rühraufsatz und
80 g Zucker	**3 Minuten / 37°C / Stufe 2½** schaumig schlagen.
2 Becher saure Sahne	
4 EL Zitronensaft	
1 Prise abgeriebene Zitronenschale	Alle Zutaten dazugeben und kurz auf **Stufe 3** verrühren.
	Die weiße Gelatine auflösen, unter die Sahnecreme geben. Die geschlagene Sahne dazugeben und unterziehen.
	In Servierschüssel oder Gläser umfüllen. Weingläser eignen sich besonders gut.
375 g Erdbeeren (frisch od. TK)	waschen, putzen und mit
60 g Zucker	und
2 EL Himbeergeist	**30 Sekunden / Stufe 4** mixen.
	Die rote Gelatine auflösen und unter das Erdbeerpüree geben. 20 Minuten kühl stellen.
	Das Erdbeerpüree auf die Sahnecreme verteilen und mit einer Gabel durchziehen, sodass eine marmorierte Crème entsteht.

Noch mal 1 Stunde kalt stellen.

Tipp: Verarbeitung der Gelatine s. Seite 9.

Kirschkaltschale

½ Liter Kirschsaft

½ Liter Wasser

Mark einer Vanilleschote

½ TL Apfelkuchengewürz

1 Prise Nelkenpulver

etwas Zitronenschale

100 g Zucker

90 g Perlsago — Alles zusammen in den Mixtopf geben und **35 Minuten / 100°C / Stufe 2** aufkochen lassen. Evtl. nach 25 Minuten Temperatur etwas zurückschalten.

100 g Rotwein — und

600 g Kirschen — zugeben und **3 Minuten / 90°C / Stufe 1** unterrühren.

Alles in eine große Dessertschüssel umfüllen und kaltstellen.

Notiz: Perlsago - ist ein Bindemittel, welches auch für Suppen verwendet wird. Sieht aus wie kleine Froscheier (durchsichtig) wenn es ausgequollen ist. Im Rohzustand sind sie weiß. Steht in den Geschäften bei Reis, Grieß, Gustin usw.

Lebkuchenparfait

1 Packung ungefüllte Lebkuchen	im Mixtopf **5 Sekunden / Stufe 5** zerkleinern. Umfüllen. - Topf säubern!
	Rühraufsatz einsetzen!
1 Becher Schlagsahne	auf **Stufe 3** bis zur gewünschten Festigkeit steif schlagen. Umfüllen!
1 Ei	mit
1 Eigelb	und
50 g Zucker	mit dem Rühraufsatz **4 Minuten / 70°C / Stufe 3** cremig schlagen.
1 TL Lebkuchengewürz	dazugeben, alle Zutaten wieder zugeben und **5 Sekunden / Stufe 3** unterheben.
	Abkühlen lassen!
	Anschließend in der Tiefkühltruhe halbsteif gefrieren.

Schokoladen-Flammeri

1 Tafel Schokolade	auf **Stufe 10** zerkleinern.
	Den Rühraufsatz einsetzen!
30 g Zucker	und
40 g Gustin (Maisstärke)	dazugeben, mit
½ Liter Milch	
1 TL Kakao	zusammen **6 Minuten / 100°C / Stufe 2 ½** kochen.

Wenn der Flammeri abgekühlt ist, kann man noch

1 Becher Sahne	auf **Stufe 3** bis zur gewünschten Festigkeit steif schlagen.
	Die Sahne unter den Flammeri **5 Sekunden / Stufe 2** ziehen.

Amaretto-Parfait

200 g Mandeln	im Mixtopf **5 Sekunden / Stufe 10** zerkleinern. Umfüllen.
	Den Topf gut säubern – muss fettfrei sein.
3 Eiweiß	mit dem Rühraufsatz **3 Minuten / Stufe 2½** steif schlagen. Umfüllen.
200 ml Sahne	mit dem Rühraufsatz auf **Stufe 3** bis zur gewünschten Festigkeit steif schlagen. Umfüllen.
3 Eigelb	und
100 g Zucker	mit dem Rühraufsatz **2 Minuten / 37°C / Stufe 4** schaumig schlagen.
Mandeln	wieder zugeben.
1 Msp. Apfelkuchengewürz	
1 MB Amaretto	und
150 g Mascarpone	ebenfalls zugeben. **30 Sekunden / Stufe 4** vermischen. Die Sahne und den Eischnee dazugeben und alles auf **Stufe 2-3** unterziehen.
	Die Masse im Eisfach ca. 1 Stunde gefrieren lassen.

Getränke

Ananasflip

1 Dose Ananas	**20 Sekunden / Stufe 4** zerkleinern.
½ Liter Mineralwasser	und
½ Liter Ananassaft	dazugeben und **10 Sekunden / Stufe 4** mixen.
80 ml Batida de Coco	**30 Sekunden / Stufe 9** mixen.

Tipp:

Nehmen Sie gefrorene Ananas – mit der Dose einfrieren. Leicht antauen lassen, dann kann man sie aus der Dose leichter herausnehmen. Wie oben beschrieben zerkleinern. So ist das Getränk kälter.

Pink Panther

4 cl weißer Rum	
2 cl Batida de Coco	
2 cl Amaretto	
2 cl Grenadine - Sirup	
2 cl flüssige Sahne	
100 g Orangensaft	Alle Zutaten in dem Mixtopf zusammen **10 Sekunden / Stufe 9** mixen. Sofort servieren.

Kirschbowle

2 Gläser Kirschen mit Saft	(je nach Wunsch Kirschen ganz lassen oder mit zerkleinert)
1 Flasche Bitter Lemon	
0,7 Liter Wodka	
1 kg Vanilleeis	Alle Zutaten im Mixtopf in zwei Schritten vermengen. In einen Bowletopf umfüllen.

Caipirinha

Pro Glas gerechnet:

½ Limette	achteln und per Hand klein schneiden.
2-3 TL brauner Rohrzucker	**2 Sekunden / Stufe 10** zerkleinern.
1 Handvoll Eiswürfel	dazu und in **5 Sekunden / Stufe 5** crashen.
6 cl Pitu oder Cachaça	und
1 Schuss Limettensaft	dazu und **2-3mal im Intervall** von **Stufe 1-5** hochdrehen.
	Alles in ein Glas geben und die geschnittenen Limetten dazu und mit Löffel verrühren. Evtl. mit einer Limettenscheibe verzieren. Mit Strohhalm servieren – super!!!

Tipp:

Alkoholfreie Variante:

Statt mit Pitu mit Gingerale auffüllen.

Maya-Drink

150 g Aprikosen oder Pfirsiche	und
150 g Ananas	im Mixtopf auf **Stufe 10** zerkleinern.
200 g Eiswürfel	zugeben und **30 Sekunden / Stufe 10** crashen.
300 g stilles Wasser	und
100 g Orangenlikör	sowie
100 g Batida de Coco	dazugeben und **15 Sekunden / Stufe 5** vermengen. Na dann Prost.

Amaretto-Sahne-Likör

40 Stück Vollmilchbrocken von Stork (Bonbons)	im Mixtopf ca. **10 Sekunden / Stufe 9** zerkleinern.
5-6 Eigelb	dazugeben und **8 Minuten / 80°C / Stufe 4** erhitzen. Nach **4 Minuten**
2 Becher Sahne	
⅛ Liter (125 ml) Amaretto	und
⅛ Liter (125 ml) Korn	schnell zugeben, nicht abschalten und die restlichen **4 Minuten / 80°C / Stufe 4** weiter garen.
	In vorbereitete Flaschen füllen.
Tipp:	Es brennt leicht an, deshalb die Flüssigkeit schnell zugeben. Es schmeckt auch gut zum Vanilleeis und Pudding.

Weihnachtspunsch

1 Liter Rotwein
1 TL Nelkenpulver
½ TL Zimt
½ TL Apfelkuchengewürz
50 g Zucker
Saft von 1 Zitrone
Saft von 1 Orange
½ MB Maraschino
½ MB Orangenlikör
½ MB Amaretto
½ MB Rum

Alles zusammen in den Mixtopf geben, einige Sekunden auf **Stufe 10** schalten, dann **10 Minuten / 100°C / Stufe 4** erhitzen.

Tipp:

1 Glas Kirschen mit Saft ganz dazugeben (dann **Linkslauf** einstellen) oder mit zerkleinern.

Maracuja-Likör

150 g Zucker	im Mixtopf **5 Sekunden / Stufe 10** zum Puderzucker mahlen.
1 Becher Sahne	
1 Becher Pfirsich-Maracuja Joghurt	
¼ Liter Korn	
½ Liter Pfirsich / Maracujasaft	Alles andere dazugeben und **10 Sekunden / Stufe 4** vermengen.
	Likör setzt sich ab! Bitte schütteln vor dem Servieren.

Red Dream (Fruchtgetränk)

500 g gefrorene Erdbeeren	**10 Sekunden / Stufe 10** zerkleinern.
50 g Zitronensaft	
400 g roter Traubensaft	zugeben und **20 Sekunden / Stufe 5** vermischen.
400 g Apfelsaft	
500 g Mineralwasser	zugeben und **5 Sekunden / Stufe 5** vermischen.
Tipp:	Wem das Ganze nicht süß genug ist, kann ja mit Zucker oder Süßstoff nach süßen.

Orangen-Buttermilch-Shake

3 Orangen	und
1 Grapefruit	schälen und in **10 Sekunden / Stufe 5.**
500 g Buttermilch	und
1 Päckchen Vanillezucker	dazugeben. Nach Geschmack mit
60 g Zucker	süßen.
1 Orange	in Scheiben schneiden und vierteln mit den
8 Cocktailkirschen	auf Spieße stecken und dekorieren.

Amaretti-Schoki (leckeres Mandelgetränk)

80 g Mandeln	und
200 g Schokolade	**40 Sekunden / Stufe 10** fein zerkleinern.
1 Liter Milch	und
250-300 g Amaretto	zugeben und **6 Minuten / 70°C / Stufe 4** vermischen.

Dipp & Soßen

Currysoße

80 g Zwiebeln	im Mixtopf **5 Sekunden / Stufe 5** zerkleinern.
2 EL Olivenöl	dazugeben und **3 Minuten / Garstufe / Kochlöffelstufe** dünsten.
2 EL Currypulver	
½ TL Zucker	
1 Prise Salz	Die Gewürze **1 Minute** vor dem Zeitablauf dazugeben und mit andünsten lassen.
600 ml Gemüsebrühe	
200 g Bananen	in Stücken
200 g Äpfel	in Stücken
1 EL Reismehl	dazugeben und **15 Minuten / 100°C / Stufe 2** garen.
100 g Sahne	durch die Deckelöffnung zugeben und kurz auf **Stufe 9** hochdrehen.

Tipp: Diese Soße ist sehr lecker zum Geflügel oder Fisch.

Rohkostsoße

1 Knoblauchzehe	**5 Sekunden / Stufe 5** im Mixtopf zerkleinern.
20 g gemischte Kräuter	ebenso **5 Sekunden / Stufe 5** zerkleinern.
12 Mandeln	im Mixtopf ca. **20 Sekunden / Stufe 10** zerkleinern.
50 g Möhren	
70 g Äpfel	
130 g Zucchini	zugeben und ca. **10 Sekunden / Stufe 5** zerkleinern.
30 g Erdnussöl	
20 g Balsamicoessig	
1½ TL Kräutersalz	zugeben und **2 Minuten / Stufe 5** sahnig rühren.
Tipp:	Vermischen Sie diese Soße mit Blattsalat Ihrer Wahl.

Zucchini-Relish

3 kg Zucchini	waschen, evtl. schälen und in grobe Stücke schneiden. In eine große Schüssel geben.
1 kg Zwiebeln	schälen und im Mixtopf grob zerkleinern. In die Schüssel umfüllen.
2 EL Salz	über die Zucchini geben, abdecken und über Nacht ziehen lassen.
	Am nächsten Tag alles auf ein Sieb geben und abtropfen lassen!
	Die restlichen Zutaten auf 3-mal aufteilen.
1 kg Zucker	
1 Liter Kräuteressig	
3 EL Senf	1/3 der Zucchini in den Mixtopf geben und 1/3 vom Zucker und 1 EL Senf zugeben und alles **35 Minuten / Garstufe / Stufe 4** köcheln lassen.
3 EL Curry	
3 EL Cayenne Pfeffer	
3 EL Paprika edelsüß	
3-4 EL Mehl	Auch die Gewürze und das Mehl dritteln, zugeben und nochmals **10 Minuten** kochen lassen.
	Heiß in Schraubgläser füllen.
	Vorgang noch 2x wiederholen.
Tipp:	Schmeckt gut zu Gegrilltem – Steaks, Bratwurst usw. Ebenso gut auch zu Nudeln für die Vegetarier.

Tomatenketchup Mexico

1 frische Peperoni	im Mixtopf **5 Sekunden / Stufe 5** zerkleinern.
200 g grüne Paprika	waschen und achteln.
100 g Zwiebeln	schälen, vierteln.
1 Bund frischer Schnittlauch	waschen und in 3 cm lange Stücke schneiden.
1 Bund Petersilie	waschen, von den großen Stängeln befreien und alles in den Mixtopf zugeben. **5 Sekunden / Stufe 5** zerkleinern.
300 g Tomatenmark	
200 g Wasser	
200 g Essig	
80 g Zucker	
20 g Salz	
1 TL Sojasoße	
1 TL Paprika edelsüß	
1 TL Pfeffer grün	
je 1 Msp. Curry & Harissa	Alles in den Topf geben und **5 Sekunden / Stufe 8** zerkleinern. Dann **10 Minuten / 100°C / Stufe 4** kochen.

Noch heiß in Flaschen füllen.

Leichte Hollandaise

80-100 g Butter	
1 MB Sahne	
1 MB Milch	oder 2 MB Dickmilch
1 Ei	
1 TL Senf	
Salz & Pfeffer	
2 TL Zitronensaft	Alles zusammen ca. **5 Minuten / 70°C / Stufe 4** erhitzen.

Tipp: Die Soße schmeckt toll zu Kohlrabi, Blumenkohl usw.

Senfsoße

1 Zwiebel	im Mixtopf **5 Sekunden / Stufe 5** zerkleinern.
30 g Butter	zugeben. **3 Minuten / 80°C / Stufe 1** andünsten.
3 EL Senf	
2 MB Milch	
2 MB Wasser	
35 g Mehl	
1 TL Fleischbrühe (Pulver)	Alles zugeben und **6 Minuten / 80°C / Stufe 1** erhitzen

Tipp: Die Soße passt zu gebratenem Fisch.

Hauptgerichte

Kartoffeln mit Lauchschinkenröllchen

3-5 Stück Lauch (nicht zu dick)	putzen, waschen und in ca. 8 cm lange Stück schneiden.
	Den Porree in den Einlegeboden des Garaufsatzes geben und **25 Minuten / Garstufe / Stufe 2** garen.
	Abtropfen lassen, den Sud im Topf behalten.
ca. 12 Scheiben gekochten Schinken	auf einer sauberen Arbeitsfläche alle nebeneinanderlegen und mit
2-3 EL Senf	bestreichen. In jede Scheibe 1-2 Stücke Porree legen und einrollen.
	Die Lauchschinkenröllchen in den Einlegeboden des Garaufsatzes mit der Naht nach unten legen. Man kann die Röllchen auch mit Zahnstochern feststecken.
	Den Mixtopf mit
Wasser	bis zu einem guten ½ Liter auffüllen.
ca. 800 g Kartoffeln	geschält und gewürfelt in das Garkörbchen geben, das Körbchen einhängen und den Topf verschließen.
	Den Garaufsatz aufsetzen und alles **25 Minuten / Garstufe / Stufe 2** garen.

Soße:

40 g Reisstärke	
100 g Sahne	und

1-2 Ecken (75 g) Schmelzkäse	in die Garflüssigkeit geben und **3 Minuten / Garstufe / Stufe 2** Soße herstellen.
	Mit
Salz & Pfeffer	und
Gemüsebrühe	abschmecken.

Appelplatz & Zwiebelplatz

Appelplatz:

1½–2 kg Äpfel	waschen, schälen und in den Topf geben (halb voll). Auf **Stufe 3** mit dem Spatel nur ganz grob zerkleinern.
	Ein Blech mit Öl bestreichen und die Äpfel darauf geben.
1 kg Brotteig (selbst hergestellt vom Sauerteig)	mit etwas Mehl verkneten und zu einer Platte ausrollen. Den Brotteig dann auf die Äpfel legen und ca. 30 Minuten gehen lassen.
2 Becher Schmand	mit
3-4 EL Zucker	verrühren und auf den Teig streichen.
	Nun den Platz im vorgeheizten Ofen ca. 20-30 Minuten abbacken.
	Noch warm essen!! Es schmeckt aber auch kalt sehr gut.

Zwiebelplatz:

1½ Pfund Brotteig (selbst hergestellt vom Sauerteig)	mit Mehl verkneten und auf ein gefettetes Backblech ausrollen. Ca. 30 Minuten gehen lassen.

2 Pfund Zwiebeln	im Mixtopf grob zerkleinern, **5-10 Sekunden / Stufe 3**.
1 EL Öl	dazugeben und **3-5 Minuten / 100°C / Stufe 1** andünsten. Etwas erkalten lassen und mit
200 g Schinkenwürfel	Alles auf dem Brotteig verteilen.
2 Becher saure Sahne	
4 Eier	
3 TL Salz	
1 TL Kümmel	
2 EL Mehl	im Mixtopf **10 Sekunden / Stufe 4** verrühren. Die Eiermasse über die Zwiebeln verteilen.
	20-30 Minuten bei 200°C goldbraun backen.
Tipp:	Dazu passt hervorragend Federweiser.

La Ling (Chinesisches Gericht)

1 Liter Wasser	und
1 EL Gemüsebrühe	mit
½ TL Curry	in den Mixtopf geben. Das Garkörbchen einhängen und mit
250-300 g Reis	füllen. Den Topf verschließen, den Garaufsatz aufsetzen. Füllen mit
500 g Hänchenbrustfilet	in Würfel geschnitten und mit
2 EL Chinagewürz	bestreuen.
1 Dose Bambussprossen	(ohne Saft)
1 Dose chinesisches Mischgemüse (o. TK)	(ohne Saft)
1 Dose Ananas	(den Saft für die Soße aufheben) dazugeben und nochmals
2 EL Chinagewürz	oben darüber streuen.
	Alles **35-45 Minuten / Garstufe / Stufe 2**. Zwischendurch nach 15 und nach 25 Minuten jeweils 1 x umrühren.
	Wenn alles fertig ist, das La Ling in eine Schüssel umfüllen und mit
1 Glas Mangochutney „scharf"	vermischen. Aus dem Sud nun die Soße machen.

Soße:

½ Liter des Kochsuds	
Salz & Pfeffer, Curry	
100 g Ananassaft	und
100 g Sahne	zugeben und mit
30-40 g Mehl	**2-3 Minuten / Garstufe / Stufe 5** eine tolle Soße herstellen!

Frikadellen mit Bananen-Currysoße

4 Scheiben Weißbrot	**5 Sekunden / Stufe 5** zerkleinern.
500 g Hackfleisch	und
2 Eier	dazu geben, mit
Curry, Salz & Pfeffer	würzen. Alles zusammen **8 Sekunden / Stufe 2 / Linkslauf** vermengen.
	Aus dem Teig kleine Frikadellen formen und in den Einlegeboden vom Garaufsatz legen.
	Den Mixtopf mit
1 Liter Wasser	und
1 TL Gemüsebrühe	füllen und das Garkörbchen mit
250 g Reis	füllen. Den Deckel schließen und den Garaufsatz aufsetzen.
	Alles zusammen **30 Minuten / Garstufe / Stufe 2** garen.
	Wenn alles fertig ist, den Aufsatz abnehmen, das Garkörbchen herausnehmen und aus dem restlichen Kochsud eine Soße herstellen.

Soße:

1 kleine Dose Ananas	abgießen, Saft in Mixtopf
40-50 g Mehl	
1 Becher Sahne	
½ TL Salz	
¼ TL Pfeffer	
1 EL Curry	dazugeben und **2-3 Minuten / Garstufe / Stufe 2** alles aufkochen.

2 Bananen	in Scheiben schneiden, mit etwas
Zitronensaft	beträufeln und mit den Ananas in die fertige Soße geben. Kurz mit Linkslauf auf **Stufe 2** unterheben.
Tipp:	Sie können auch die Hackbällchen gegen Hähnchenbrustwürfel austauschen.

Kassler mit Sauerkraut und Kartoffeln

¾ Liter Wasser	und
1 TL Gemüsebrühe	in den Mixtopf geben, das Garkörbchen einhängen und mit
1 Dose Sauerkraut	füllen.
1 TL Zucker	über das Kraut geben,
1 Apfel	und
1 Zwiebel	schälen, vierteln und mit
2 Lorbeerblättern	spicken. Beides auf das Sauerkraut legen. Deckel schließen.
1 kg Kasseler	(mager und nicht zu dick) in den Garaufsatz;
800 g Kartoffeln	rechts und links daneben geschält, gewürfelt verteilen.
	Nun **45 Minuten / Garstufe / Stufe 2**. Wenn alles gar ist, den Garaufsatz abnehmen.
	Das Garkörbchen warm stellen und aus dem Sud die Soße herstellen.

Soße:

100 g Sahne
30-40 g Mehl
Gemüsebrühe
Salz & Pfeffer

ca. **2-3 Minuten / Garstufe / Stufe 4** nochmals kurz aufkochen. Abschmecken!

Tipp:

Wer möchte, kann auch das Kasseler einschneiden und mit Ananasscheiben spicken. Etwas von dem Ananassaft können Sie dann auch in Soße geben. Verfeinert süßlich. Kartoffeln in Würfeln anrichten oder sie zu einem Kartoffelbrei verarbeiten.

Schnelle Spaghetti Torte

70 g Parmesan	**5 Sekunden / Stufe 5** zerkleinern. Umfüllen.
250 g gekochten Schinken	**5 Sekunden / Stufe 4** zerkleinern. Umfüllen.
1,5 Liter Wasser	in den Mixtopf füllen, **10 Minuten / Garstufe / Stufe 1** zum Kochen bringen. Wenn das Wasser kocht, die Zeit neu einstellen – **8 Minuten / 100°C / Stufe 1 / Linkslauf.**
250-300 g Spaghetti	Einfüllen, nach Ende der Garzeit die Spaghetti abtropfen lassen, auf einer gefetteten Tortenform (26 cm) verteilen.
40 g Butter	in den leeren Mixtopf geben,
50 g Zwiebeln	in dicken Scheiben geschnitten und
500 g Porree	in groben Stücken geschnitten zugeben und **20 Sekunden / Stufe 4** zerkleinern. Dann **10 Minuten / 100°C / Stufe 2** garen.
	Nach 5 Minuten
80 ml Gemüsebrühe	
100 g Sahne	
½ TL Salz	
1 Prise Pfeffer	
¼ TL Muskat	
3 Eier	und
20 g Mehl	zugeben und **15 Sekunden / Stufe 3** alles miteinander vermischen.
	Den
zerkl. Schinken	und den
geriebenen Käse	auf der Torte verteilen.

	In dem vorgeheizten Backofen auf der mittleren Schiene ca. 15 Minuten bei 200°C überbacken.
Tipp:	Statt Porree kann man auch Brokkoli verwenden.

Pasta asciutta

1 Knoblauchzehe	im Mixtopf **5 Sekunden / Stufe 5** zerkleinern.
1 Möhre	
1 Stange Sellerie	und
1-2 Zwiebeln	dazugeben und **5 Sekunden / Stufe 5** zerkleinern. Umfüllen.
30 g Schinkenwürfel	in den Topf wiegen,
150 g Hackfleisch	dazu und alles mit
3 EL Öl	**5 Minuten / Garstufe / Stufe 1** anbraten. Nach **3 Minuten**
100 g Tomatenmark	dazugeben. Mit
⅛ Liter (125 ml) Wasser	und
⅛ Liter Rotwein	auffüllen, mit
Salz	
Paprika & Curry	
Gemüsebrühe	und
Harissa	würzen, alles zusammen **15 Minuten / 100°C / Stufe 2** / **Linkslauf** garen.
Tipp:	Dazu reicht man Nudeln jeglicher Art.

Hackklößchen in Currysoße

2 Zwiebeln	im Mixtopf **5 Sekunden / Stufe 5** zerkleinern.
600 g Hackfleisch	
30 g Quark	
1 Ei	
30 g Paniermehl	
Salz & Pfeffer	
Curry	Alle restlichen Zutaten zugeben und mit dem Spatel **10 Sekunden / Stufe 3** einen Hackfleischteig herstellen. Sollte der Teig kleben, mit Paniermehl oder Haferflocken abbinden. Kleine Klößchen daraus formen.
1 Stange Porree	waschen, putzen und in groben Stücken in den Mixtopf geben.
150 g Pilze	zugeben und **5 Sekunden / Stufe 4** grob zerkleinern.
2 Paprika, frisch	in grobe Streifen schneiden oder
1 Glas Paprika in Streifen	mit dem restlichen Gemüse in den Garaufsatz geben. Die Schlitze freilassen!
	Den Einlegeboden mit den Klößchen belegen und in den Aufsatz obendrauf geben.
	Den Mixtopf mit knappen
¾ Liter Gemüsebrühe	füllen, das Garkörbchen einhängen und mit
800 g Kartoffeln	geschält und gewürfelt oder
250 g Reis	füllen. Alles schließen und **35 Minuten / Garstufe / Stufe 2** garen.

Soße:

	Die Soße mit
1 TL Curry	und
Salz & Pfeffer	würzen, mit
75 g Creme fraîche	verfeinern. Abschmecken.

Hackbraten à la Cordon bleu

2 kleine Zwiebeln	im Mixtopf **5 Sekunden / Stufe 5** zerkleinern.
1-2 Brötchen vom Vortag	dazugeben, **5 Sekunden / Stufe 5** fein zerkleinern.
1 kg Hackfleisch	
2 Eier	
2 EL Senf	
Salz & Pfeffer	dazugeben und auf **30 Sekunden Stufe 3-4 / Linkslauf** vermischen.
	Auf einer Folie ausrollen. Mit
4 Scheiben gekochter Schinken	und
4 Scheiben Gouda	belegen. Mithilfe der Folie von der Längsseite her aufrollen. Die Rolle halbieren und an den Enden andrücken und in den Einlegeboden legen.
	Mit dem Gemische aus
1 TL Zuckercouleur	und
2 TL Wasser	bestreichen, mit
Café de Paris (Seite 9)	
Curry & Paprika	bestreichen. Evtl. Gemüse unten in den Garaufsatz geben, das Garkörbchen mit Reis oder Kartoffeln füllen.

Alles zusammen dann ca. **60 Minuten / Garstufe / Stufe 2** garen.

Soße:

Den Sud umfüllen und später als Grundlage für die Soße benutzen.

1 kleine Zwiebel im Mixtopf **5 Sekunden / Stufe 5** zerkleinern.

400 g Pilze putzen, evtl. waschen, im Mixtopf **3 Sekunden / Stufe 5** grob zerkleinern.

20 g Butter in den Mixtopf geben und **3 Minuten / Garstufe / Stufe 1** anbraten.

Mit

Salz & Pfeffer würzen. Die Pilze umfüllen.

⅛ Liter Weißwein

⅛ Liter Kochsud

100 g Sahne

gekörnte Brühe

40 g Mehl Alles zusammen **2 Minuten / Garstufe / Stufe 4** zur Soße kochen. Pilze wieder zugeben.

Abschmecken.

Tipp: Wer mag, kann auch statt der Pilzsoße eine Tomatensoße dazu reichen.

Mehlklöße

½ Liter Milch	im Mixtopf **3 Minuten / 80°C / Stufe 1** erhitzen.
3 Brötchen, vom Vortag	grob zerkleinert zugeben und **5 Sekunden / Stufe 4** mit dem Spatel verrühren.
500 g Mehl	
½ Päckchen Backpulver	
4 Eier	
1 TL Salz	
¼ TL Muskat	Alle Zutaten zugeben und mithilfe des Spatels schnell zu einem geschmeidigen Teig in **20 Sekunden / Stufe 5** verrühren.
	In einem großen Topf Salzwasser zum Kochen bringen. Wenn es kocht, mit einem Esslöffel Teigklöße abstechen. Die Klöße **20 Minuten** darin ziehen lassen.

Dazu schmeckt:

200 g Schinkenwürfel	mit
1 große Zwiebel	(vorher im Mixtopf **5 Sekunden / Stufe 5** zerkleinern) in einer Pfanne mit heißem Fett anbraten.
	Eventuell
etwas Schweineschmalz	dazu geben, damit mehr Fett in der Pfanne ist.
	Zu den Mehlklößen reichen.

Bunter Gemüsereis mit Cashewnüssen

100 g Zwiebel	
150 g rote Paprika	
100 g Zucchini	
100 g gelbe Paprika	in groben Stücken in den Mixtopf geben und **6 Sekunden / Stufe 4** zerkleinern.
50 g Butter	und die weiteren Zutaten zugeben:
1 TL Paprikapulver	
½ TL Salz	
1 Prise Pfeffer	und **5 Minuten / Garstufe / Linkslauf / Stufe ½** andünsten. Danach alles in den Garaufsatz füllen.
200 g Basmatireis	und
100 g Cashewnüsse	in das Garkörbchen geben.
	Den Topf mit
1 kg Gemüsebrühe	füllen, Garkörbchen einsetzen und **20 Minuten / Garstufe / Linkslauf / Stufe ½** garen.
	Danach den Reis mit dem Gemüse in einer Schüssel vermischen, abschmecken und servieren.
Tipp:	Wer möchte, kann auch noch 100 g gekochten Schinken dazugeben.

Herzhafte Fischfrikadellen

2 Zwiebeln	im Mixtopf **5 Sekunden / Stufe 5** zerkleinern.
750 g Kabeljaufilet	waschen, trocken tupfen und in den Mixtopf geben.
2 Scheiben Toastbrot	
1 Ei	
½ Packung 8-Kräuter, tiefgefroren	sowie
½ TL Salz	und
1 Prise Pfeffer	alles in den Mixtopf geben und **30 Sekunden / Stufe 7** mit Spatel vermengen.
	Wenn der Teig klebt, noch etwas Paniermehl unterheben.
	Den Teig zu länglichen Frikadellen formen.
	Fett in einer Pfanne erhitzen und die Frikadellen darin von jeder Seite 6-7 Minuten goldgelb braten.

Soße dazu:

1 rote Paprika	putzen, entkernen, waschen und mit
100 g Gewürzgurke	**5 Sekunden / Stufe 5** grob zerkleinern.
1-2 EL Mehl	und das restliche
Bratfett	von der Pfanne zugeben.
¼ Liter Milch	ebenfalls zufügen.
	5 Minuten / 100°C / Stufe 2 / Linkslauf garen.

	Mit
Salz & Pfeffer	und
1 Prise Zucker	abschmecken. Die Fischfrikadellen mit der Soße anrichten und mit
Zitronensaft & Dill	bestreuen.
Tipp:	Dazu schmecken Salzkartoffeln und ein grüner Salat.

Putengulasch

150 g Porree	
200 g Möhren	
200 g Paprika, bunt	im Mixtopf auf **Stufe 3** grob zerkleinern. Wie ein Salat! in den Garaufsatz umfüllen.
600-800 g Hähnchenbrustfilet	in Würfel schneiden, das Fleisch in den Einlegeboden legen, mit
Curry & Paprika	würzen.
2 Lauchzwiebeln	in 4 cm lange Stücke schneiden und im Mixtopf **5 Sekunden / Stufe 5** zerkleinern.
2 EL Olivenöl	zugeben und **3 Minuten / Garstufe / Kochlöffelstufe** anbraten.
200 g Paprika, bunt	und
100 g Porree	Zugeben, **5 Sekunden / Stufe 5** zerkleinern.
1 TL Gemüsebrühe	dazugeben und
jeweils 1 Prise Salz & Pfeffer	ebenfalls dazu. Mit
1 Liter Wasser	auffüllen. Das Garkörbchen einhängen und mit
250 g Reis	füllen.

Den Deckel schließen, den Garaufsatz aufsetzen und **30 Minuten / Garstufe / Stufe 2 / Linkslauf** garen lassen.

Nach dem Garende den Garaufsatz abnehmen, das Garkörbchen herausnehmen und

1-2 EL Tomatenmark sowie

100 g Sahne in den Mixtopf geben.

(Falls Sie mehr Soße möchten, noch

100 g Wasser und

20 g Mehl zugeben.) Die Soße **2 Minuten / Garstufe / Stufe 4** aufkochen lassen.

In der Zeit den Reis in eine Schüssel füllen und ebenso das Fleisch mit dem Gemüse in eine große Schüssel füllen.

Die Soße abschmecken und über das Fleisch-Gemüse geben.

Tipp: Dazu passt ein frischer Blattsalat, Salat mit Kräutersoße oder ein eingelegter Weißkrautsalat.

Gulasch

½ Zwiebel	
jeweils ½ rote und grüne Paprika	
1 Tomate	
1 kleine Karotte	
1 kleines Stück Lauch	Alles in den Mixtopf geben und **5 Sekunden / Stufe 5** zerkleinern.
1 EL Gemüsebrühe	dazugeben und mit
600 g Wasser	auffüllen.
800 g Gulaschfleisch	(etwas kleiner schneiden) mit
Paprika & Pfeffer	und
Fleischzartmacher	würzen. Das Fleisch in das Garkörbchen geben, in den Topf einhängen, evtl. oben den Garaufsatz mit Serviettenknödeln nach Rezept Seite 107
	Alles **45 Minuten / Garstufe / Linkslauf / Stufe 1** garen.
	Nach Ende der Garzeit das Fleisch in eine Schüssel umfüllen und die Soße herstellen.

Soße:

	Bei Bedarf etwas Wasser für die Soße dazu gießen.
½ Becher Sahne	zugeben und mit
Curry & Paprika	
Salz & Pfeffer	und
Harissa	würzen.
3-4 EL Reisstärke oder Mehl	zugeben und mit

4-5 Tropfen Zuckercouleur Soße braun färben.

3 Minuten / Garstufe / Stufe 4 einkochen.

Die Soße abschmecken und über das Fleisch gießen.

Tipp: Würzen Sie das Fleisch anstatt mit Salz mit Fleischzartmacher – das macht das Fleisch zart und schneller weich. Achten Sie jedoch darauf, dass er kein Glutamat enthält.

Gefüllte Kohlrabi mit Petersilienkartoffeln

1 Bund Petersilie im Mixtopf **5 Sekunden / Stufe 5** zerkleinern. Umfüllen.

8 kleine Kohlrabi schälen, den Deckel abschneiden und aushöhlen.

Das Ausgehöhlte aufheben!

Die Kohlrabi von innen salzen.

½ Bund Petersilie

½ hartes Brötchen

zarte Kohlrabiblätter

1 kleine Zwiebel

50 g Gouda und

Ausgehöhlte von den Kohlrabi im Mixtopf **8 Sekunden / Stufe 5** zerkleinern.

1 Ei

150 g Hackfleisch

50 g rohe Schinkenwürfel	
½ TL Gemüsebrühe	
Salz & Pfeffer	hinzufügen und mithilfe des Spatels auf **Stufe 3** einige Sekunden vermischen. Die Kohlrabi damit füllen und in den Garaufsatz geben.
	In den Mixtopf
¾ Liter Wasser	geben, das Garkörbchen einhängen, mit
800 g Kartoffeln	füllen. Den Deckel schließen und den Garaufsatz aufsetzen.
	45 Minuten / Garstufe / Stufe 2 garen.

Soße:

250 ml Garflüssigkeit	im Topf zurück behalten,
250 g Sahne	und
2-3 EL Mehl	dazu, mit
Salz & Pfeffer	und
Gemüsebrühe	würzen und die Soße **2-3 Minuten / Garstufe / Stufe 4** einkochen. Abschmecken!

Vegetarisch gefüllte Paprikaschoten

je 2 rote und gelbe Paprika	(oder nach Wunsch), waschen, den Deckel abschneiden, innen putzen und zur Seite legen.
80 g Gouda	und
1 Bund Petersilie	**5 Sekunden / Stufe 6**
2 Tomaten	und
500 g Champignons	Dazu geben und ca. **10 Sekunden/ Stufe 4-5** zerkleinern.
1 TL Pizzagewürz	
1 Ei	
Salz & Pfeffer	zugeben und abschmecken.
	Die Paprikaschoten mit der Masse füllen.
1 Liter Gemüsebrühe	in den Topf füllen, das Garkörbchen einhängen und mit
250 g Reis	füllen. Die Paprikaschoten in den Garaufsatz legen, den Deckel verschließen und Garaufsatz aufsetzen.
	30 Minuten / Garstufe / Stufe 2 garen.

Soße:

2 EL Tomatenmark	und
1 Becher Crème fraiche	dazugeben,
evtl. 2-3 EL Mehl	zum Andicken zugeben.
	2 Minuten / Garstufe / Stufe 4 einkochen.

	Mit
Harissa, Salz & Pfeffer	abschmecken!

Serviettenkloß

8 alte Brötchen	vom Vortag (4 x 2 Stück) im Mixtopf grob zerkleinern. **3 Sekunden / Stufe 5** oder **2x die Knetstufe** laufen lassen.
	Umfüllen in eine große Schüssel.
1 Zwiebel & Petersilie	**5 Sekunden / Stufe 5** zerkleinern, zu den Brötchen umfüllen.
¾ Liter Milch	
4 Eier	
2 EL Mehl	
1 TL Gemüsebrühe	
Muskat	
Salz & Pfeffer	Alles zusammen **2 Minuten / 70°C / Stufe 2** erwärmen und über die Brötchen gießen.
	Die Masse ca. 30 Minuten durchziehen lassen.
	Ein dünnes Geschirrtuch flach auslegen und an den beiden Außenseiten je eine Hälfte der Kloßmasse längs, wie eine Wurst einfüllen. Das Tuch einschlagen, jeweils von außen nach innen und mit dem Tuch die beiden Rollen in den Einlegeboden des Garaufsatzes legen. **35–40 Minuten / Garstufe / Stufe 2** garen.

Kohlrouladen

	Im Kochtopf Weißkraut und Wirsing in Salzwasser blanchieren. Die Blätter lösen und abtropfen lassen.
1 Brötchen	in Wasser einweichen.
1 Zwiebel	im Mixtopf **5 Sekunden / Stufe 5** zerkleinern.
500 g Hackfleisch	mit dem eingeweichten, ausgedrückten Brötchen und
1 Ei	sowie den Gewürzen
Salz & Pfeffer	miteinander **10 Sekunden / Stufe 2-3** vermengen.
	Immer 2 verschiedene Kohlblätter mit der Hackfleischmasse füllen, zu kleinen Rouladen aufrollen, mit Zahnstochern feststecken und in den Garaufsatz und / oder den Einlegeboden geben.
	Den Mixtopf mit
¾ Liter Wasser	füllen.
800 g Kartoffeln	waschen, schälen und in das Garkörbchen geben.
	Den Topf schließen und alles zusammen **45 Minuten / Garstufe / Stufe 2**. Aus dem restlichen Sud die Soße herstellen.

Soße:

30 g Butter	
40 g Mehl	
50 g Sahne	
Salz & Pfeffer	und

Muskat in den Topf zu der Brühe geben. **2 Minuten / Garstufe / Stufe 4** einkochen.

Abschmecken! Wenn die Soße zu fest sein sollte, mit Milch verdünnen.

Rosenkohlauflauf mit Nudeln

250 g gekochten Schinken	im Mixtopf **4 Sekunden / Stufe 5** zerkleinern.
250 g Gouda	im Mixtopf **8 Sekunden / Stufe 10** zerkleinern. Umfüllen.
200 g Bandnudeln	im Mixtopf kochen. (1 Liter Wasser, Salz und 1 TL Öl zum Kochen bringen und dann **8 Minuten / 100°C / Stufe 1** kochen. Abgießen.)
750 g Rosenkohl frisch	putzen, waschen und über kreuz einschneiden. In den Garaufsatz legen. (Oder
TK - Rosenkohl	aufgetaut, wird nicht vorgegart.)
750 g Salzwasser	in den Mixtopf füllen, Garaufsatz aufsetzen **25 Minuten / Garstufe / Stufe 2** garen. Abtropfen lassen, den Sud auffangen.
1 Knoblauchzehe	und
2 Zwiebeln	schälen, im Mixtopf **5 Sekunden / Stufe 5** zerkleinern.
40 g Butter	dazugeben und **3 Minuten / Garstufe / Stufe 1** andünsten.
	Mit
30 g Mehl	bestäuben.

375 ml (3/8 Liter) Gemüsebrühe (Sud)	und
125 ml (1/8 Liter) Milch	zugeben und alles **4 Minuten / Garstufe / Stufe 4** kochen lassen.
	Soße mit
2-3 EL Weißwein	und
Salz & Pfeffer	
Muskat	abschmecken.

Die Hälfte der Nudeln in eine gefettete Auflaufform geben, 2/3 des Kohls und des Schinken/Käse-Gemisches darauf verteilen.

Soße darüber gießen. Jetzt die zweite Hälfte der Nudeln, restlichen Rosenkohl und Schinken/Käse einfüllen und überbacken.

Backzeit: 35-40 Minuten bei 200°C.

Tipp: Wer nicht so gern Rosenkohl mag, kann den Kohl im Mixtopf zerkleinern und so über die Nudeln geben. Zerkleinern Sie den Kohl ca. **10 Sekunden / Stufe 4**.

Fisch mit Gemüse und Kartoffeln mit Senfsoße

800 g Fischfilet	nach dem 3-S-System vorbereiten (säubern, säuern salzen).
	Mit
Zitronensaft	säuern und leicht pfeffern!
	Den Einlegeboden vom Gareinsatz mit Alufolie auslegen und den Fisch hineinlegen.
verschiedenes Gemüse	putzen und in den Garaufsatz füllen.
	Das Garkörbchen mit
250 g Reis	(dann in den Topf 1 Liter Wasser einfüllen) oder
900 g Kartoffeln	füllen (½ Liter Wasser in den Mixtopf geben), das Körbchen einhängen, den Topf schließen, den Garaufsatz aufsetzen.
	30 Minuten / Garstufe / Stufe 2 garen.
	Nach dem Garende den Garaufsatz abnehmen und warm stellen. Das Gleiche mit den Kartoffeln im Körbchen tun!

Senfsoße:

40 g Butter	in die Kochflüssigkeit
40 g Mehl	und
1 Zwiebel	geben, mit
Salz & Paprika	sowie
2 EL Senf	

1 Prise Zucker	würzen und **2-3 Minuten / Garstufe / Stufe 4** kurz aufkochen. Abschmecken!

Pfälzer Zwiebelkuchen

2½ MB Wasser	
21 g (½ Würfel) Hefe	
1 TL Zucker	
375 g Mehl	
1 TL Salz	Alle Zutaten in den Mixtopf geben, **1 Minute / Knetstufe** – abstauben – **10 Sekunden / Stufe 6-7**.
	Den Teig auf einem Blech ausrollen und **20-30 Minuten** gehen lassen.
750 g Zwiebeln	auf **Stufe 3-4** grob zerkleinern.
100 g Schinkenwürfel	dazugeben und **10 Minuten / 100°C / Stufe 1 / Linkslauf** dünsten. Etwas auskühlen lassen! Und auf den Teig geben.
1 Becher saure Sahne	und
3-4 Eier	auf **Stufe 4** mit
Salz & Pfeffer	
Muskat	vermengen. Den Eierguss dann über die Zwiebeln geben – abbacken.
	Backzeit: ca. 30-35 Minuten bei 200°C.
Tipp:	Dazu schmeckt besonders gut ein Glas Federweiser.

Weihnachtsgebäck

Spritzgebäck

125 g Mandeln	im Mixtopf **5 Sekunden / Stufe 10** zerkleinern.
375 g Butter	
250 g Zucker	
125 g Gustin (Maisstärke)	
375 g Mehl	
2 Eier	
2 Päckchen Vanillezucker	
1 Prise Salz	Alle restliche Zutaten zugeben und mit dem Spatel **30 Sekunden / Stufe 6-7** einen Mürbeteig herstellen.

Kränze, S-Formen und andere Formen spritzen. Oder durch einen Fleischwolf drehen mit Spritzgebäckvorsatz.

Backzeit: ca. 10 Minuten bei 175-200°C.

Flockenmonde

1 TL Zimt	
4 EL Milch	
1 Ei	
100 g Butter	
200 g Zucker	
2 TL Backpulver	
200 g Mehl	Alle Zutaten in den Mixtopf geben und **20 Sekunden / Knetstufe** vermengen.

150 g Haferflocken — Anschließend die Haferflocken **10 Sekunden / Stufe 2 / Linkslauf** unterheben.

Teig etwa 1 cm dick ausrollen und mit einem Glas Halbmonde abstechen.

Backzeit: 12 Minuten bei 175°C.

Tipp: Auch hier kann man einen Guss nach dem Erkalten darüber geben. Schokoladen- oder einen leckeren Zimtguss.

Mokkakugeln

100 g Schokolade — im Mixtopf **3 Sekunden / Stufe 10** zerkleinern.

65 g Biskuitboden — dazu und **2 Sekunden / Stufe 10** zerkleinern.

75 g weiche Butter

1 EL Kakao

4 EL Baileys — und

20 g gemahlene Mandeln — hinzufügen und alles zusammen kurz auf **Stufe 6** miteinander verrühren. Die Masse ca. 30 Minuten kaltstellen.

Danach aus der Masse 40 kleine Kugeln formen.

Eine Hälfte in

Puderzucker — die andere Hälfte in

2 EL Kakao — wenden.

Kühl und trocken lagern!

Lebkuchen, geschüttelt

100 g Nüsse	im Mixtopf **5 Sekunden / Stufe 8-10** pulverisieren. Umfüllen.
150 g Butter	**1 Minute / 37°C / Kochlöffelstufe** auflösen.
250 g Milch *300 g Zucker* *4 Eier* *150 g gehackte kandierte Früchte* *3 TL Lebkuchengewürz* *1 TL Nelkenpulver* *1 Päckchen Backpulver* *2 EL Honig* *350 g Mehl*	Alle restlichen Zutaten sowie die gem. Nüsse zufügen und **30 Sekunden / Stufe 7** schnell miteinander vermengen. Alles vom Rand lösen und evtl. nochmals **10 Sekunden / Stufe 6** gleichmäßig unterrühren. Die Rührmasse auf ein Backblech streichen und abbacken. Backzeit: ca. 20 Minuten bei 200°C.
Tipp:	Mit Zitronen oder Rotweinguss kann man den Kuchen noch verfeinern.

Kleiebrötchen

250 g Mehl	
125 g Butter	
60 g Zucker	
3 Eigelb	Alles zusammen **30 Sekunden / Stufe 6** zu einem Mürbeteig verarbeiten. Messerdick ausrollen und Plätzchen ausstechen. Herz- oder Sternformen. Auf ein Blech setzen.
160 g Haselnüsse	**5 Sekunden / Stufe 8** mahlen – umfüllen.
	Den Topf säubern (fettfrei) den Rühraufsatz aufstecken!
3 Eiweiß	**3 Minuten / Stufe 3** steif schlagen.
180 g Zucker	langsam einrieseln lassen.
	Die
Haselnüsse	wieder dazugeben und mit
1 TL Zimt	und
abgeriebene Zitronenschale	vorsichtig unterheben. Falls die Masse noch nicht spritzfähig ist, eventuell noch Kokosraspel zugeben. Die Masse mit dem Spritzbeutel ohne Tülle auf die Plätzchen spritzen. Goldgelb abbacken.
	Backzeit: ca. 12 Minuten / bei 200°C.

Haferflockenplätzchen

100 g Butter
1 Päckchen Vanillezucker
1 Tasse Zucker
1 Tasse Haferflocken
2 Tassen Mehl
1 Päckchen Backpulver
6-8 EL Milch

Alle Zutaten in den Mixtopf geben und in ca. **30 Sekunden / Stufe 6-7** einen glatten Teig rühren.

Mit zwei Teelöffeln kleine Häufchen abstechen und auf ein gefettetes Blech setzen.

Backzeit: 25 Minuten bei 180°C.

Schoko-Nussbeißer

150 g halbbitter Kuvertüre und

150 g weiße Kuvertüre

Schokolade in Stücke brechen und getrennt **5 Minuten / 37°C / Stufe 1** schmelzen.

Leicht abkühlen lassen.

In der Zwischenzeit 1 Bogen Alufolie mit Öl bestreichen. Von der Kuvertüre mit 1 TL kleine runde Plätzchen ca. 3 cm groß auf Folie streichen.

120 g Haselnusskerne
100 g ungesalzene Erdnüsse

100 g Cashewkerne	
30 g Walnüsse	die Nüsse in die Kuvertüre setzen. Rest der Kuvertüre als kleine Tupfen in die Mitte der Nussbeißer geben und fest werden lassen.
Tipp:	Wer möchte, kann ja die Nüsse im Mixtopf **5 Sekunden / Stufe 5** grob anschlagen.

Bärentatzen

150 g Haselnüsse	mit
75 g Zucker	**7 Sekunden / Stufe 8** zerkleinern.
250 g Mehl	
200 g Butter	
1 EL Vanillezucker	
1 Ei	
½ Päckchen Backpulver	zugeben und in **30 Sekunden / Stufe 7** zu einem Mürbeteig verarbeiten.
	Ausrollen und kleine Taler ausstechen oder kleine Kugeln formen und mit einer Gabel flach drücken.
	Backzeit: 10 Minuten bei 175°C.
200 g Nugatmasse	**50°C / Stufe 2** erwärmen.
	Die Hälfte der Taler auf der unteren Seite mit der Nugatmasse bestreichen und einen nicht bestrichenen Taler obendrauf setzen. Das Duo nun bis zur Hälfte in
geschmolzene Kuvertüre	tauchen.

Fruchthäufchen

125 g Zucker im Mixtopf **5 Sekunden / Stufe 10** pulverisieren.

200 g Butter
1 Päckchen Vanillezucker
2 Eigelb
250 g Mehl
2 EL Milch Alle Zutaten in den Mixtopf zugeben und **30-40 Sekunden / Stufe 6** mit dem Spatel verrühren.

100 g gehobelte Mandeln
100 g Rosinen
100 g Zitronat und
50 g Orangeat auf **Stufe 3 / Linkslauf** mit dem Spatel unterheben.

Mit einem Teelöffel nicht zu große Häufchen auf ein Blech setzen.

Backzeit: ca. 15-20 Minuten bei 180°C.

Nach dem Abkühlen mit
Puderzucker bestäuben.

Kokosmakronen mit Quark

4 Eiweiß	**3 Minuten / 37°C / Stufe 3** mit dem Rühraufsatz schaumig schlagen. Nach **2 Minuten**
150 g Puderzucker	und
1 Päckchen Vanillezucker	von oben langsam ein rieseln lassen.
65 g Magerquark	sowie
4 Tropfen Bittermandelaroma	und
200 g Kokosraspeln	dazugeben und **10 Sekunden / Stufe 3** alles miteinander vermengen.
	Mit 2 Teelöffeln kleine Häufchen auf ein Blech setzen und im vorgeheizten Backofen ca. 12 Minuten bei 200°C abbacken.

Butter- oder Sahnekringel

500 g Mehl	
375 g Butter	
10 EL süße Sahne	Alles zu einem festen Teig **30 Sekunden / Stufe 7** verarbeiten.
	Den Teig ½ cm dick ausrollen. Ringe ausstechen.
1-2 Eiweiß	mit einer Gabel aufschlagen und eine Seite der Kringel darin tauchen.
	Anschließend in
Hagelzucker	tauchen.
	Backzeit: ca. 10 Minuten bei 170°C.

Dukatenplätzchen

Teig:

75 g Zucker	im Mixtopf **5 Sekunden / Stufe 10** pulverisieren.
150 g Butter	
1 EL Milch	
1 Ei	
1 Päckchen Vanillezucker	
250 g Mehl	Alle restlichen Zutaten in den Mixtopf geben und in **30 Sekunden / Stufe 7** einen Mürbeteig herstellen.
	Den Teig dünn ausrollen und 1 Eurostück große Dukaten ausstechen.
	Backzeit: 10 Minuten bei 200°C.

Füllung:

125 g Zucker	im Mixtopf **7 Sekunden / Stufe 10** zum Puderzucker verarbeiten. Umfüllen.
125 g Palmin	**1-2 Minuten / 37°C / Stufe 1** schmelzen lassen.
	Die restlichen Zutaten
1 Päckchen Vanillezucker	
30 g Kakao	
½ Fläschchen Rumaroma	
1 Ei	dazugeben und **8 Sekunden / Stufe 3** verrühren.
	Etwas abkühlen lassen.
	Jeweils 2 Dukaten mit der Creme füllen.

Tipp:

Falls die Masse zu dünn ist, noch etwas Puderzucker zugeben.

Guss:

50 g Puderzucker
2 EL Kakao
15 g Butter
1-2 EL heißes Wasser

Alle Zutaten **10 Sekunden / Stufe 4** vermischen.

Den Guss in einen Beutel füllen, eine Ecke dünn abschneiden und die Dukaten-Plätzchen im Zickzackmuster dekorieren.

Wiener Gewürztörtchen

200 g Mandeln	im Mixtopf **5 Sekunden / Stufe 10** mahlen.
140 g Butter	
140 g Zucker	
2 TL Zimt	
1 Msp. Nelkenpulver	
100 g Mehl	Die restlichen Zutaten dazugeben und alles zügig **10 Sekunden / Stufe 7** verkneten. Mit dem Spatel mithelfen!
	Evtl. kühl stellen.
	Danach kleine Kugeln formen und auf ein Blech setzen.
	Mit einem Rührlöffelstiel in die Mitte eine Vertiefung drücken.
	Mit
Johannisbeergelee	füllen.
	Backzeit: 15-20 Minuten bei 175°C.

A

B

Möchten Sie weitere Bücher von der Keller Verlagsbuchhandlung kennenlernen?

TM31

BLECH- U. RÜHRKUCHEN
Die schnellsten Kuchen. 50 Rezepte für Blechkuchen und 50 Rezepte für Rührkuchen.
Best.-Nr. 010 • Preis € 12,-

KOCHSCHULE 1
Das richtige Buch für TM-Anfänger. Große Vielfalt an Rezepten der täglichen Küche.
Best.-Nr. 011 • Preis € 13,50

KOCHSCHULE 2
Hier der zweite Band. Unkomplizierte, schnelle Rezepte.
Best.-Nr. 012 • Preis € 13,50

FRISCHE KÜCHE
Schnelle, leichte und gemüsereiche Kost. Viele Rezepte für den Garaufsatz.
Best.-Nr. 014 • Preis € 13,50

JAHRESZEITEN
Kochen mit den Jahreszeiten. Mit den jahreszeitüblichen Zutaten.
Best.-Nr. 015 • Preis € 13,50

LEICHTE KÜCHE
Rezepte, die nichts am Genuss einbüßen und obendrein gesund sind.
Best.-Nr. 020 • Preis € 16,50
BUCH MIT FOTOS!

SCHNELLE KÜCHE
Gerichte, die man im Handumdrehen zubereiten kann. Tägliche, unkomplizierte Küche.
Best.-Nr. 021 • Preis € 16,50
BUCH MIT FOTOS!

KOCHSCHULE 3
Der dritte Band. Unkomplizierte, bodenständige Rezepte.
Best.-Nr. 024 • Preis € 16,50
BUCH MIT FOTOS!

URLAUBSKÜCHE 1
Rezepte zum Träumen. Das Feeling von Sonne und Meer zu Hause zum Nachkochen.
Best.-Nr. 022 • Preis € 16,50
BUCH MIT FOTOS!

URLAUBSKÜCHE 2
Fernöstliche Leckereien aus Ihrem Thermomix. Süß, sauer und gerne auch scharf.
Best.-Nr. 023 • Preis € 16,50
BUCH MIT FOTOS!

HEUTE OHNE FLEISCH
Backen und Kochen ohne Fleisch. Mit Obst und Gemüse, leicht und lecker durch den Tag.
Best.-Nr. 025 • Preis € 16,50
BUCH MIT FOTOS!

SÜSSES BACKWERK
Ein Standardwerk mit Grundrezepten für alle gängigen Teige. Obstkuchen, Apfelkuchen, herzhaftes Gebäck uvm.
Best.-Nr. 013 • Preis € 12,-

Besuchen Sie unseren Shop im Internet auf www.tm-kochbuch.de

Möchten Sie weitere Bücher von der Keller Verlagsbuchhandlung kennenlernen?

BACKEN, RÜHREN, MIXEN

Ein sehr umfangreiches Backbuch mit 120 Rezepten. Inclusive Weihnachtsbäckerei ist alles dabei.

Best.-Nr. 001 • Preis € 12,-

KOCHEN, RÜHREN, MIXEN TEIL 1

Unser Grundkochbuch für die TM21-Benutzer. Alle wichtigsten Rezepte für den Anfang.

Best.-Nr. 002 • Preis € 12,-

KOCHEN, RÜHREN, MIXEN TEIL 2

Der zweite Band von unserem Grundkochbuch für die TM21-Benutzer. Rezepte für den Anfang.

Best.-Nr. 003 • Preis € 12,-

FRISCHE KÜCHE

Hier Ausgabe für TM21. Schnelle, leichte und gemüsereiche Kost. Viele Rezepte für den Garaufsatz.

Best.-Nr. 017 • Preis € 12,-

KOCHEN, DÜNSTEN, GAREN

Rezeptbuch für den Garaufsatz. Komplette Menüs, viele Suppen, Soßen, Aufläufe und Hauptgerichte.

Best.-Nr. 004 • Preis € 12,-

GETRÄNKE & BROTAUFSTRICHE

50 alkoholfreie Getränke, 50 süße und herzhafte Aufstriche. Zum Selbermachen.

Best.-Nr. 005 • Preis € 12,-

RICHTIG TRENNEN

Ein Trennkostbuch für TM21-Benutzer. 111 erprobte Rezepte mit Nährwerten und Trennkost-Kennzeichnung.

Best.-Nr. 006 • Preis € 12,-

JAHRESZEITEN

Hier Ausgabe für den TM21. Kochen mit den Jahreszeiten. Mit den jahreszeitüblichen Zutaten.

Best.-Nr. 018 • Preis € 12,-

FLEISCHLOSE TAGE TEIL 1

100 Vollwertrezepte mit Nährwertangaben. Bratlingo, vollwertiges Frühstück, Vollwertbäckerei, Suppen und Hauptgerichte.

Best.-Nr. 007 • Preis € 12,-

FLEISCHLOSE TAGE TEIL 2

Kochbuch für Allergiker. Glutenfreie Rezepte, mit Reis, Mais und Buchweizen. Und für Milcheiweißallergiker Rezepte mit Tofu und Soja.

Best.-Nr. 008 • Preis € 12,-

TORTENBUCH

100 erprobte Tortenrezepte, Schritt für Schritt geschrieben, dass alles sicher gelingt. Zaubern Sie perfekte Torte zu jedem Anlass.

Best.-Nr. 009 • Preis € 12,-

TM21

Besuchen Sie unseren Shop im Internet auf www.tm-kochbuch.de